オニオンタ、ボストンの丘に咲く花

米国東部の旅

まるみ せもあ著

現 代 図 書

筆者の留学に骨折ってくれたボストン・カレッジ教授のジム・ウォーレス夫妻

クーパー学会中に行われた、クーパーズタウンへのツアーの時の集合写真

まえがき

『オニオンタ、ボストンの丘に咲く花―米国東部の旅』と題して本書を世に出すことができるに至るまでに、何年間かの期間を要した。実は、著者が短期アメリカ留学を果たしたのは二〇〇三年であったから、早くも五年が経っている。

著者が短期留学をした夏の頃、ニューヨークやボストン等の土地のあちらこちらを歩いている間、紫陽花《あじさい》の咲く光景をよく見掛けたものである。そこでこの紫陽花という花が気になって、少し調べてみた。この花はガクアジサイを母種として日本で生まれた園芸品種だという。八世紀の万葉集にまで遡って歌われている、と講談社の『英文日本大事典』に説明されている通り、紫陽花はもともと純正の日本種の花である。その名の由来は、青い花がかたまって咲く様子から名付けられたらしい。

アメリカ東部の至る所に、日本に咲く紫陽花と同種の花が咲いていた。オニオンタ、ニューヨーク市、ボストン市の各地に見られたから、恐らくそれはさらに別の土地にも見られる植物に違いない。その様子は大変に印象深く著者の記憶に刻まれた。そんなわけで、花咲く様子を小著の題名に採用したいと思った。紫陽花の咲く姿に託して、その地に住む人々の生活の様子をそれとなく表したかった。

ところで、アメリカの各地に見られる地名をよく観察すると、深く思い当たることがある。それはアングロ・サクソン語でもなければ、ラテン語でもない言葉が目につく事実である。例えば、オクラホマ、シカゴ、オニオンタ、マンハッタン、マサチューセッツ等である。語源を調べてみるならば、興味深い事実が判る。オクラホマは、“people”を意味する“okla”と“red”を意味する“humma”の二語のチョクトー語（Choctaw）から来ている。シカゴはアルゴンキン語族の言葉で、野生のタマネギの生えていたことに由来する。オニオンタについては、現地の人の解説を加えて紹介してあるので本文を参照されたい。マンハッタンは「高い丘の島」の意。この島の周囲を船で就航すると、島が背後で高い丘を形成していることが判る。マサチューセッツは、“massa (= big)”と“wadchu (= hill)”に“set (= at)”が繋《つな》がった言葉であり、つまり、“at the big hill”（高い丘に立って）を意味するアルゴンキン語族の言葉に発すると語源の説明にある。

　つまり、いかなる言葉であれ、そこに、深い歴史的な意味が込められているのであり、言い換えると、地名には人々の生活に根差す跡が歴然と点描されているとも言えるのである。

　昔から遣《つか》われている言葉がそうであるならば、現在、人々によって遣われているそれは魂の籠った言霊《ことだま》であるに違いない。その事実は、英語であると日本語であるとを問わないだろう。そもそも日本語を大切に考えることが日本人にとって重要であるならば、地上のいかなる言葉にも同様にその土地の歴史的な深い意味のあることを思わざるを得ない。

　何語であれ、言葉にはそれを遣う人々の生活観や文化が深く刻まれている。

　アメリカ原住民の生活と言語を研究している同僚のことを伝え聞いた、ある大学の評議員

まえがき

程の社会的地位に就く人が、その学者の研究テーマを指して「何がインディアン研究だ」と放言したと聞く。「インディアン」という言葉をどういう意味で遣ったのかが大いに気になった。同時に、その放言の内に含まれる低劣な誤認を痛感した。

一四九二年にコロンブスがバハマ群島に到着した時に、インドに辿り着いたものと信じ、その地に住む原住民を「インディアン」と呼んだのが、その呼称の始まりとされる。一口に言うならば、間違った呼称をそのまま引きずって定着させた言葉を強引に遣い続けてきたのが、この「インディアン」という言い方なのである。だから、その言い方は一方的であり、歴史的には誤謬《ごびゅう》であり、人種的には元々アジア系の原住民を呼ぶ呼称としては、非常に得心のいかない呼び方なのである。学問を修める大学関係者が先述の如き認識では大変に困る。

もしも読者がアメリカへ行って、多くの人々のいる前で、この「インディアン」なる呼称を遣うと、どういう事態を招くことになるのかを深く考えてみると良いだろう。人々との連携は一瞬の内に瓦解するであろう。「黒人」「白人」などの言い方も深刻な問題を引き起こすことは目に見えている。肌の色で人を指すような言葉の謬見《びゅうけん》に囚われている限り、外国人との共通理解は到底叶うまい。日本で遣っているのだから差し支えないなどと考えるならば、そもそもその人の見識の程度を暴露する以外の何ものでもない。立場を変えて、日本の街を歩いている時に、ふと未知の人から、「おい、そこの黄色の人」と、指さして言われた場合に、己自身がどう感じるかを考えるならば、容易に理解できることだろう。

著者は外国籍の人々と言葉を交わす際に、先ず相手の名前を尋ね、その名を心情を込めて呼ぶ。著者の同僚の一人曰く、「肌の色は、個人的に理解が進む程に透けて見えなくなるものだ」と。

文化や伝統を全く異にする、未知の人々との気持の交流が実現するかしないかは、自分の遣う言葉一つで、決まってしまう。心の通う言葉遣いのみが頼りになる。その言葉を遣う人同士の見識と文化と生き方とが、真剣勝負の舞台で火花を散らし、交わり、遂には言葉の奥に潜む人間性が見えた時に、未知の人間同士が理解し始めるのだ。

その瞬間を実感できることは、実に素晴らしい。今まで見えなかった何かが大きくこちらに向かって迫ってくるのを覚える。言葉と言葉とのせめぎ合いを通じて理解し始めた未知の人との対話は、何にも替えがたい宝物となるに違いない。国際交流を口先で言っても始まらない。迂闊《うかつ》や認識の浅さや、差別的な観念等の源は、己の心の内側の深層の部分に潜む。

このささやかな一書を通じて著者が言いたいことは、外国人との心の交流は、他に替えがたい財産となり、その貴重な交流を通じて己も変わることができるということである。

言葉を遣い、人々との理解を深め、相互に信頼し合える絶好の機会を広げていこうとする人々にとって、本書がささやかな一助になるならば、著者としては望外の幸せである。

目次

まえがき……1
第一章……11
一　国際会議に出る……13
1．オニオンタまで……13
2．世界に扉を開く……16
3．学会は言葉の飛び交う道場……18
4．オニオンタの鐘……20
第二章……27
一　ニューヨークへ……29
1．出発ロビーの光景……29
2．航空機の中の黙想……34
3．白タクに乗る……38
4．空港からマンハッタンまで……46
5．ニューヨーク市立図書館で……53
二　オニオンタ再訪……57
1．再会を喜ぶ……57

目次

2．賛否両論のけじめ……64
3．クーパーズ・タウンへのツアー……69
三　学会発表……82
1．アメリカ人の前でアメリカ批判をす……82
2．理想と現実の狭間で……89
3．静かな時……95
4．クーパー図書館で……108
第三章……121
一　アメリカ三州の想い出……123
1．ニューヨーク点描……123
2．クリーブランドの知人を訪ねて……137
3．丘を駆け巡る楽音……150
4．ボストンの家……159
二　静かなキャンパスで……169
1．ボストン・カレッジ構内で……169
2．調査研究の喜び……176
3．ジョージアの丘に立つ……182

4．新学期の授業風景……186
5．授業運営上の工夫……203
6．結論……207
三　思い掛けない出来事……209
1．下宿先の夫妻と……209
2．和気靄々……215
あとがき……221
巻末付録　旅の心得覚書……223
1．出国前に留意すべき心構え……223
2．入国後に留意すべき心構え……227
3．滞在先での留意すべき心構え……229
巻末寄稿文……233
私のボストン　東京大学名誉教授　亀井俊介……233
著者の印象を語る　朝日大学経営学部情報管理学科教授　岡本紘昭……241

オニオンタ、ボストンの丘に咲く花──米国東部の旅

まるみ せもあ 著

第一章

一　国際会議に出る

1．オニオンタまで

一九九九年七月十一日。この日、私はニューヨーク州の州都オールバニへ向かった。オールバニ空港は、ジョン・F・ケネディ空港から小型のジェット機で六十分程北へ飛んだところにある。四年前にこの空港に降り立った時は、横にだだっ広い敷地に、小型機があちらこちらから飛び立ったり、あるいは空から舞い降りてきて滑走して止ったりする田舎の空港という感じであった。空港のビルも、一階建ての横に広がる一方の、古めかしくて機能性を無視したような建物であった。それが、四年後の夏には見違える程綺麗な空港へと様変わりをしていた。ビルも上に伸びて立体性と機能性とを兼ね備えているところが、何とも小気味よかった。

日本を発つ三日前に、ニューヨーク州立大学教授のジェームス・デヴリンが電子メールで、「コンチネンタル航空の待ち合い室の出口に立って待て。車で迎えに行くから」という連絡を下さったので、私は何の心配もなかった。私の乗ったコンチネンタル第八便は、予定通り午後一時にオールバニ空港へ到着した。

オールバニ空港からオニオンタまで、高速道路を南西に進むこと百五十キロ。車で空港を出発したのは午後三時前であった。デヴリン教授の見事な運転で九十分間の快適な高速道路の旅を楽しむことができた。

車に乗り込む前に私は初対面の紳士を紹介された。私とほぼ同世代の年齢の人と見受けられた。

「今回、デンマークからの遠来の参加者で、ヘニング・ゴールドバエク教授です」

デヴリン教授は、そう言ってその男性を私に紹介して下さった。

丸顔の童顔に、人好きのする笑顔を浮かべる人だった。デヴリン教授は運転しながら、二人の来訪者に交互に声を掛ける程余裕のある名運転振りを示して、同乗者を安心させてくれた。このゴールドバエク教授とは、学会の開催期間を通して一緒に行動することになったし、帰国後も、互いに電子メールを通じて情報交換をすることになった。

目的地のオニオンタという地名は、「丘の多い町」という意味のネイティブ・アメリカンの言葉であるらしい。高速道路を降りて、オニオンタの町に入るころから、道路は高下し、曲がりくねって乾いた舗装道路からは砂が舞い上がるのがウィンドー越しに見えた。やがてそれまで直進してきた道を右折して大きなカーブのある険峻《けんしゅん》な坂道を上り切った丘の上に、学生数五千名のニューヨーク州立大学オニオンタ校はあった。

高い山々が遠くに連なり、そのふもとに至るまで、いくつもの丘が緩やかに続き、その柔らかい肌のような丘の上に大学の敷地が果てしなく広がっていた。いくつもの山を切り拓き、そこに大学の建物の群れが点在している。一つの丘を上り切って、車中から手を翳《かざ》して見れば、前方から大学の建物が遥か向こうへと延びている。聞けば建物は全部で三十五棟もあるという。デヴリン教授は、呆気《あっけ》に取られている私達を乗せて、広大なキャンパスの一部を案内してくれた。余りの広さに呆《あき》れてしまい、私は一瞬自分が今どこにいるのかが判らなくなるような錯覚に陥っていた。

折しも、学会開催前のレセプションの時間が迫っているということで、ひとまず宿泊先のボーディング・ハウスへ案内致しましょうと教授はハンドルを目的地に向けた。一九九九年七月十一日の午後五時頃であった。オニオンタの空気は清澄で、紺碧の空は高かった。

レセプションは、モーリス・コンプレックスという来賓館でもあり、かつ宿泊施設でもある建物の地下一階にある食堂で行われることになっていた。見覚えのある顔、顔、顔。立食形式のレセプションで、どのアメリカ人もジーンズとTシャツ姿で、「やあ、しばらく」と、互いに挨拶を交わしている。

学会の初日はこのレセプションのみの内容であったが、参加者の誰もがゆったりとした気分に浸《ひた》ることを心から楽しんでいるようであった。きっと、翌日になれば、研究発表、講演会や小人数で編成されるグループ討論でぎっしり予定が詰まっていることを、誰もが判っているからであろう。一人ひとりの参加者の、円滑な人間関係を大切にしたいという願いが、このレセプションの雰囲気を盛り上げているように感じられた。

レセプションは開催責任者の挨拶で、幕が閉じられる。ジェームス・デヴリン教授が翌日からの会議参加者の人数が四十五名であること、会場は、丘を越えた向う側にあるミルヌ図書館の三階に設けられていること、海外からの参加者はこの来賓館の一階受付で、宿泊する部屋を各自で確認した上で、滞在費の支払いをして頂きたいなどの諸連絡に加えて、今これから間もなく学会プログラムを参加者全員に渡すので、明日から始まる研究発表の順番を承知しておいて欲しいなど、要領良く説明をして下さった。午後八時半頃にレセプションは終わった。私は自分の宿泊する先の部屋を教えられた後、部屋へ入って、さっそく翌日からの学会の日程を詳細に確認することにした。

2. 世界に扉を開く

クーパー協会の正式な名称は、The James Fenimore Cooper Society という。一九八九年、クーパー生誕二百年を記念して、この協会は設立された。私が二度目に学会に参加したこの年は、クーパー協会が設立されてから、ちょうど十年目に当たる。

クーパー協会は会員数百三十名程の、比較的小さな団体であると言えるだろう。アメリカを中心に、イギリス、ドイツ、イタリア、カナダ、デンマークからの参加者が毎回見られるが、日本からは私が一人だけである点が少々寂しい。

クーパー協会の設立当時、初代会長になったのはジェームス・フランクリン・ビアード教授だった。クーパーの書簡集と日記を六巻に纏めて出版し、大きな功績を残した人である。一九九二年に初代会長が亡くなった後は、ケイ・シーモア・ハウス氏が後任となり、現在に至っている。ハウス氏もクーパー研究家としてはつとにその名を国内外で知られている人である。とりわけ一九六一年に出版した、*Cooper's Americans* という著書で、ハウス氏はクーパーの全ての作品に登場する人物名を明らかにし、中でも女性の登場人物に注目をして古今の作家の描いた女性像と比較検討をしてクーパー論を展開した点で、異色の業績を残した人である。

クーパーは一七八九年に生まれて、一八五一年に世を去るまでに、四十を超す実に様々な小説や評論を出版した、十九世紀アメリカ文学界を代表する作家である。

この協会の会員になるための資格は、ただ一つである。それは、クーパーの作品を愛好し、あるいは興味関心をもち、クーパー研究の新しい動向に熱い眼差しを注いでいくことのできる人であること。そういう人であるならば、誰でも歓迎される。国籍、年令、職業などを一切問わない。年会費を十ドルに抑えて、学生も参加し易いようにと痒い所に手が届く配慮がなされている。

クーパー協会の名簿上の会員数は百三十を超えるが、二年に一度開かれる学会に出席する人は、四十名前後である。極めて小人数の、家族的な雰囲気に包まれた学会である。閉鎖性を徹底的に排除した、開放的な学会の性格上、集まる人の国籍や皮膚の色も様々である。学会が終わって、ダウンタウンへ何台もの車を連ねて食事に行く場合でも、会話の勢いが極めて盛んである。アフロ・アメリカン、ネイティブ・アメリカン、中国人、ドイツ人、イタリア人、カナダ人の分け隔てもなく、外国人とアメリカ人が和気《わき》藹々《あいあい》と語り合っている。

このクーパー協会を特定のアメリカ人に限るのではなく、広く全世界に門戸を開いて、クーパーの文学に関心を寄せるあらゆる階層の人々に参画を呼び掛けている。事実、私が参加した折に、ドイツからオニオンタまではるばるやってきた男性に、古本屋の主人がおられた。州立大学で教えているある人は、個人でクーパーに関心を抱いているために参加している。

大学院生で、単位を取得したいために、この学会発表を傍聴し、討論に参加する学生もいる。開催期間中の第四日目は、クーパーズ・タウンへのツアーが予定されているが、このツアーのみに参加する地元の主婦が必ず何名かおられる。お別れ会には、種々の人々との交歓会が実現する。このように、クーパー協会の開放的なあり方は徹底している。

3. 学会は言葉の飛び交う道場

ところが、研究発表となると、これはもう専門家同士の真剣勝負にも似た火花が散る。発表者の誰もが、クーパー研究を自称する参加者全員の前に立って、己の持ち得る力を出し切って発表する。聴衆の中にはニューヨーク、否、世界でも一流のクーパー学者が顔を揃えている。その人々の見守る中で、己の見解を発表するのである。陰湿な質問や悪質なヤジは飛ばない代わりに、真剣な質問の矢は容赦なく飛び交う。発表者も真剣であれば、聞き手も相当の準備を整えた人ばかりの発表会場には、何か張り詰めた雰囲気が漂う。

クーパーに関する著書を何冊も出版している学者の集まりである。自分の見解には皆、相当の研鑽を積んだという自負がある。発表者の言葉は自信に満ち、深い思考と怜悧な判断を随所に散りばめている。一部の隙もない論理の鎧兜を突き崩すことは困難に思われる。やがて質議応答の時間がくる。不思議なことに、質問の矢は、意外な方向から飛んでくるものだ。最初に質問するのは、若い院生であることが多い。早口で、自分の研究の動向を先ず披露し、発表者の見解と突き合わせて、多少なりとも発表者の見解とずれた所を明らかにすると、そこから質問に入る。

一人の作家研究を対象とする研究会場でも、そこに居合わせた研究者の発想は皆それぞれに違う。山の頂上に至る道が一つであり得ないのと同じであろう。熟練の学者の研究発表を聞いた後、院生の質問の矢は素朴かつ疑義に満ちているだけに、発表者の応答に一度で納得することは通常ない。繰り返し、何度でも食い下がるようにして、鋭い質問をする。硬質の質問は、女性の方が男性よりも徹底しているように感じられる。司会者は、質問者と発表者との言葉の飛び交う様子を、目を細めて聞いているだけだ。互いが納得して、言うことがなくなるまで、無言のまま言葉の応酬を奨励しているかのようである。

私が以前、発表した折には、質疑応答に関して、難問が山積して私を強襲してくることは目に見えていた。一口で言うならば、アメリカ人の早口の英語についていける見込みはなかった。英語の教員だからと言って、研究分野についてアメリカ人と同様に丁々発止と議論できるというわけにはいかない。何年も現地で生活をしている人ならばそれも可能であろうが、普通の場合は先ず無理であろう。日常茶飯の会話と比べて、語彙が違う上に、頭脳回転の視野に見えてくる風景が全く違うからである。

私は最初から、一計を案じていた。私が口頭発表を終了した後、会場を別室に移して、そこで全員の座る席を大きな円を描く状態に配置しておくよう、予め依頼しておいた。車座に座った参加者が、思い思いに自分の見解を前の発言者に続けて述べる。私の研究発表を皆の議論の視座に置いておき、あとは参加者が次々と自由に自分の意見を述べていく。私もゆったりとした気分で議論の中に入り込み、周囲の活発な議論に耳を傾けながら、自分のペースで持論を展開することができる。三十分程も続いた円座の談議は、実際私にとっても、良い経験になった。熱い議論と活発な応酬は、アメリカ人同士の相互の啓発へと繋がったし、話題提供者である私への暗黙の理解が一同の気持の上にそれとなく感じられた。私はその日、学会本部の寛大な措置によって、事無きを得た。日本から来て、場慣れしていない私への、臨機応変の措置に私は感謝した。

4. オニオンタの鐘

その日、朝から空は晴れ上がり、午前中から気温がぐんぐん上がっていた。午前の部の学会発表を聞き終えた後、私は宿舎の前で、学会参加者の一人、ウィリアム・ベネディクト教授が迎えに来てくれるのを待っていた。

第一章

三十分程すると、大きな黒塗りの自家用車が私の前に停まった。体が並外れて大きく、白い顎鬚が黒塗りの車と対照的によく似合う人であった。優れた体躯《たいく》が大型の車に釣り合っているので感心してしまう。自分の車がいたく気に入っていること、自分の研究室を私に見学させたいと思っていること、この町を案内したいことなどを熱心に伝えてきた。最初から最後まで親切心で私をもてなしてくれようとしていた。

豪快なエンジン音がしたかと思うと、車は大地を蹴《け》るようにして発進した。そして悠然《ゆうぜん》と丘を下り始めた。やがてオニオンタの町中に入り、大きな駐車場に車を停めた時であった。街路を挟んで向こう側に高く聳《そび》える教会の鐘が鳴り始めた。その鐘の音は、轟然として空高く響き渡り、彼方に木霊《こだま》すように余韻嫋嫋《じょうじょう》と大気を駆け巡った。日本の寺の大きな釣り鐘とは余程違う音色《ねいろ》である。わが国の鐘の音色は、音の高低はともかく、単一の非常に澄んだ音質である。したがって日本の鐘の音色はゴーンである。それに比べて、オニオンタの鐘のそれは、ガランガランといった感じである。豪快で勇壮かつ深い音色である。幾つもの丘を越えて、大地を這《は》うように、遠くの地域の人々の耳にまできっと届くような、心に響く強音であった。

ウイリアム教授は自分の愛車に両手をつくと寄り掛かるようにして、鐘の音色に聞き入りながら、こんなことを言った。

「この鐘を聞いていると、自分が若い頃、アメリカ軍の兵士として従軍していた時代を思い出すよ。実際、あの頃、自分は若く、仲間を戦争で失って悲しむことが多かった。自分はこの町に長い間住んでいる。実は、あの教会は、町の人々の寄進で建てられた立派な建物です。あの建物の中で、私は神の住まわれるところに逝った多くの友人を悼み、賛美歌を歌いました。その賛美歌の声が今でも甦《よみがえ》り、教会の鐘の音を聞く度に心が痛むのです。後年、私は大学で教鞭を執るようになったが、この教会の前に来てあの時と同じ鐘の音が聞こえてくると、戦争で海外に従軍していた頃の硝煙《しょうえん》の臭いが鼻を突き、死にゆく仲間の声が私の耳に響くのだね」

教授の言われる戦争とは、恐らくヴェトナム戦争であろう。だが私はそれを教授に尋ねることは差し控えた。あの戦争で多くのアメリカ人が心の深いところで傷付いていたことを、映画や本を通じて見聞きしていたからだ。

教授はやがて大きな体を揺するようにして、「ミスター・スズキ、さあわが家に向かって出発しましょう」と私を車に招じ入れた。埃を後ろに蹴立てるように、私達の乗る車は教会を後にした。教会の鐘はまだ長い音色を響かせていた。その音が聞こえている間は、多弁な教授も決して口を開こうとはしなかった。

三日後、ウィリアム教授と共に見たその同じ教会の前を通って、学会を終えた私はボストンに向かうため、ジム・デヴリン教授の運転する車中の人となった。午後二時、教会の鐘の音が聞えてきた。ウィリアム教授の青春を涙で曇らせたオニオンタの鐘は、デヴリン教授には敬虔《けいけん》なクリスチャンの耳慣れた音色として響いているらしかった。

「ミスター・スズキ、聞きたまえ。あの鐘はこの町の人々がお金を出して建てた教会の音だ。あの鐘はこの町の誇りなんだ」

デヴリン教授の表情は愉快そうだった。

教会の鐘の音は悲しみの音色であると同時に誇らかな町の象徴でもあった。その鳴り響く音は、私達の車の後をどこまでも追いかけてくるようであった。いくつもの丘を越えて、その鐘は鳴り響いていた。オニオンタは「丘の多い町の意味だ」と説明してくれたのは、確かその日、私がオールバニ空港に向かう車の中であったと思う。「岩のごつごつした町」の意という百科事典の説明とは少し違うようだが、地元に住む人の捉え方には、多分昔から言い伝えられた通りの理解のしかたがあるのかも知れない。無数の丘が緩やかな曲線で連なっている地形を見ると、百科事典の説明よりも、地元の人の感性で捉えた表現の方が感覚的にはより一層よく理解できる気がした。

やがて車は高速道路に進入していった。轟音《ごうおん》が車内の会話を妨げるので、会話は途切れ途切れになりがちであった。

「クーラーの設備がないので、申し訳ない。窓を開けたままで走るので、ご勘弁を願いたい」

そう言いながら、デヴリン教授は私達に同情して止まなかった。

窓から容赦なく侵入する乾いた強風を受けながら、私はオニオンタの無数に続く緑の丘を眺めていた。「丘の多い町」はやがて後方に見えなくなった。町中を鳴り渡っていた教会の鐘の音も、すでに過去の時空の彼方へと消え去っていた。

だがあの無数に連なる丘の光景は今でも私の網膜にくっきりと映っている。ガランガランという音色も私の鼓膜に今でもこびり着いていて消えそうにない。それは、ウィリアム教授の肉声と共に、私の中にある心象風景の中に深く溶け込んでいる。

かくして私はクーパー学会の多くの人々と出会うことができた。また会議の席上では火花の散るような言葉の遣《や》り取りを眼の当りにすることによって、私は人の言葉の深さを思った。研究室の中に閉じこもった狭義の学問ではなく、人と人とが一つの丘の上で出会い、智と智との向き合う瞬間の奥にあるものに触れることができた。真剣勝負の道場のような硬質な言葉の応酬、そして人種・国籍を超えた心温まる歓談の時を経験した。

オニオンタというニューヨーク州の奥深い地方の小さな町に、色々の国々からそれぞれの思いを込めてクーパー研究者が集まって来る。会場に集まった人々は、クーパーという作家の作品を愛好し、今後、さらに新たな研究課題を探したいと考えている。

言葉も文化もそれぞれ異なる人々が、一堂に会して自由な討論に積極的に参加する。互いの文化を尊重しながら、参加者は相互に友好を深める好機を持つことができる。私は利害を超えて、学問的領域で共通の研究課題に関して話すことのできることを誇りに思う。外国人同士が相互に理解を深めようとする学究的集団の一員であることに、私は限りない喜びを覚える。そして、研究の深まりを実現できることを幸いに思う。

オニオンタの丘は遥か彼方にまで連なる地形となって私の前に横たわっていた。町の中心部で打ち鳴らされて丘の上にまで響き渡る教会の鐘の音色に私は酔った。だがその酩酊の気分に芳醇さを加えたのは、他ならぬ「丘の多い町」に集まった様々な国からの参加者であった。

発言者の言葉に耳を傾ける聞き手からも、内に秘めた熱っぽい思いがその視線から伝わってきた。私は強く感じ取っていた――オニオンタの鐘が、参加者一人ひとりの胸の内を一つに繋いでいたことを。

第二章

一　ニューヨークへ

1．出発ロビーの光景

二年に一度の学会に参加するために、二〇〇三年七月一日、私はニューヨークへ向けて出発した。今回は勤務先の大学当局から三ヶ月間の研修を認められてのアメリカへの旅である。

天候は小雨。成田空港行きの高速バスは、大宮を九時四十五分定刻に出発すると、首都高速五号線に入って、板橋付近で成田方面へと進路を変えた。成田へ近付くにしたがって車が増えていく。空港第二ターミナルへ、十一時二十分に予定通りに到着した。

妻と長女が空港まで見送りに来てくれた。土産品店で娘が帽子を買ってくれるという。次女は勤めの都合で見送りには行けないからと、腰巻き風の物入れを買ってくれていた。

妻と娘の二人は帽子専門店の棚を物色し、あれが良いか、これが似合うかと、さんざん迷った挙句《あげく》、グレー色の広いツバ付きの帽子を選んだ。私は帽子の選択に全く興味を覚えないので、店の前のベンチに腰掛けて、二人の様子を遠くから眺めて待っていた。

「これがお父さんにはお似合いよ」

妻がそう言うと、娘も声を合わせて、

「うん、とても良いわ」

そう言いながら、私の頭に帽子を被《かぶ》せて、角度を変えつつ、前から斜めから眺めた。

二人が帽子を選んでいる間に、私は空腹を覚え始めていた。

「ちょうど良く似合う帽子を買って貰ったので、安心した拍子に、お腹がすいたね。食事をしよう。白いうどんが食べたい」

「今からそんなじゃあ、海外へ行ってから、大変ね。日本のものしか喉を通らないのね」

妻は遠慮なしに、私の日本食へのこだわりをからかった。

食事を終えて、航空券引渡しの窓口へ向かった。多くの人々が長い列をなして並んでいた。十年前に初めてアメリカへ単身で行った時の、嫌な記憶が一瞬頭をよぎった。

その時、初めての渡航であったから、午前中には家を出て、午後四時半出発の便に間に合うことを疑っていなかった。ところが、航空券を受け取ってから、出国の長い列の後方に並んで待っている内に、刻々と出発の時間が迫ってきた。要領が判らず、列の後方で待っている内に、とうとう出発の三十分前になってしまった。三時間以上は待った挙句にである。生来暢気《のんき》な私も、さすがに心配と不安に襲われ、頭の中で血液の流れが急激に変化するのを覚えていた。どう考えてみても、出発時間に間に合いそうにない。私はすっかり慌《あわ》ててしまった。もう駄目だと思いながら、壁際《ぎわ》の少し高い所で様子を見張っていた空港の若い女性職員に声を掛けて尋ねてみた。

「ちょっと伺いますが、四時半の出発便に乗り込むつもりですが、大丈夫なのですかねえ」

私が余程暢気な態度を取っているように映ったのであろう。空港職員の制服を着た二十代のその女性は、一瞬、表情をこわばらせ、一刀両断のもとに切り捨てた。

「バカみたい。出発三十分前にのこのこやってきて、乗れるかしらもないもんだわ。貴方のような人のことは、知りませんから！」

　そのあと、その女性は私から顔をそむけると、私との関わりの一切を断ち切りたいと思っているような仕草をするのであった。

　時計を見ると、出発の十五分前を指していた。私は唇が乾いて、上下共くっ付いて離れないのではないかと思う程であった。

　私は長い列を少し強引に力で押し分け、口では「エクスキューズ・ミー」を連呼しながら、先頭へ切り抜けた。外国人が多かったからである。列の先頭から前に進むと、驚いたことに、すぐ前方で危険物感知装置の門を潜《くぐ》らなければならないことを知った。

「あの、四時三十分発の飛行機なので、私をこのまま通して頂けませんか」

　私は、勇気を出して言ってみた。

「駄目ですよ。肩の荷、手に持っているバッグの中身をこの皿の上に出して、貴方は何も持たないで、この門を通り抜けてみて下さい」

　そう言われて、唇を固く噛んで、鉄の扉を潜り抜けようとすると、案の定、ピーピーと鋭い感知装置の発する音が鳴った。もう駄目だ、飛行機に乗れない。私の頭の中は真っ白になっていた。

「ポケットの中に入っているものを、この皿の上に出してみて下さい」

われに返ってみると、職員は私に向かってそんなことを言っていた。

結局、怪しい人物ではないというお墨付きを貰って、感知装置を通り抜け、二十三番搭乗口に向かって、私は最後の力走を試みた。力走と言っても、自分では相当の勢いで走っていると思っても、何しろ、両手に大層重い荷物を抱えている。客観的に言うならば、私は小走りに歩を運んではいるが、きっと両足を前につんのめらせるように、もたつきながら前進していただけである。転んでも不思議はない有り様で、両手の荷物に苦心をして走っていた。動く歩道の上でも私は懸命になって急ぎ足で前に進んだ。空港の中の通路が、目的の搭乗口まで、予想を超えて長い距離を歩かせる構造になっていることを、この時程私は恨めしく思ったことはない。

遥か前方の右上に、搭乗口の二十三番の数字が見えた。その数字を目指して、私は最後に決死の覚悟で力走をした。搭乗口の扉の前に、金髪の背の高い女性が立って、こちらを見ている姿が私の目に映った。

「アーユー　ミスター　スズキ?」

「イエス　アイアム　スズキ　イエス　イエス」

「オーケー　ジャスト　イン　タイム　ユーアー　ラッキー」

機内に案内されると、機長室詰めの男性と、数名のアテンダントの女性に取り囲まれるようにして、私は機内の尾翼横の窓際席に案内された。乗客は一斉に私の顔を注視した。今頃になってのこのこ乗り込む暢気者もいるものかな、という顔で私は迎えられた。珍しい見せ物になってしまった。

その時の記憶は十年経っても、今もまざまざと私の記憶に残っている。私が四時半の便に乗れるか乗れないかと不安に苛《さいな》まれていた頃、妻と娘は地上階の手摺に掴まって私の便の飛び立つのを見送ろうとしていた筈である。二人の立っていた位置から、地下の光景は見えないので、当然のことながら、二人は私の困惑する表情を見ていない。遠く雨に霞む滑走路から、私の乗った便が飛び立つのを、ガラスの内側から幽《かす》かに認めて、二人は安心しながら自宅へ戻ったと、後になってから聞いた。

あの時、もし、私が飛行機に乗り遅れて、二人が帰宅してから数時間後にひょっこり自宅へ戻ったとしたら、二人はどんなに驚き、落胆をし、また怒りを発したことであろうか。しかしそんな事が起こったとしても、不思議はないと思う。事実、初回の訪米を終えて、帰国してから、大学の同僚やその他の知人・友人に私の初めての経験談を話した時、奇しくも同様の経験をもったことがあると話した人が複数いたのである。

こうなると、これは私個人の失敗談に帰せられる問題ではなく、チケット引渡し時間と混雑の実態との相関関係を空港当局がもっと整理統合し、今後さらに合理的な対応が迫られるべき問題ではないかという思いしきりである。空港職員の再教育も大いに必要である。

2. 航空機の中の黙想

さて、この度、妻と娘に買って貰ったばかりの帽子を被って、颯爽《さっそう》と航空券引渡し窓口へ行った時、思いの他、長い列ができていたので、十年前の悪い記憶が一瞬頭をよぎった。しかし、今回はわずか三十分待たされただけで、何ごともなく、航空券を引渡された。大きな荷物をカウンターで預け、手荷物二つだけを機内に持ち込むつもりで長い列から外れ、二人に別れを告げてから、十五時二十五分発のニューヨーク行の便に乗り込むまでの行程は、実に円滑に進んだ。ノースウエスト・エアライン十八便に乗り込んだのは、出発の三十分前であった。

窓側二十五—A席で、三人掛けの席であった。真ん中は空席で、右端にはアジア系の三十五歳前後の愛想の良い男性が座っている。

十八便は定刻に動き出し、五分後の十五時三十分に離陸した。窓の外を眺めると、薄絹のように半分透けて見える雲が後方へと勢い良く流れていく。雲の切れ間に蒼い空が見える。先程乗務員から手渡されてあった新聞を、しばらくの間、私は読み耽《ふけ》ることにした。早朝からばたばたして家を出るまで息をつく暇もなかった私にとって、その日の新聞をゆっくりした気分で読むことができることは細やかな幸いである。

空間を移動する今の気持の安定と、日常性の内に自分をいつまでも置いておきたいという、二律背反の感情に私は深く囚われている。そんな私は独り、精神の安定と理性的な判断を図りつつ、旅立った直後の自分の気持を冷静に保っていたいと思っている。そんな思いを抱いている時、日常性という名の王国を盛り込んだ新聞は、限りない活字の楽しみと社会的関心を呼び起こして、私にとっては最高の愉楽の時をもたらしてくれるのである。

時々視線を窓の外に逸《そ》らすのだが、非日常性の空間を飛行する今、私の視界に見えるのは、鈍い銀幕の厚い雲のみである。新聞の紙面は地上の現実、つまり、様々な人々の営みと無数の出来事の羅列で埋め尽くされている。空間を時速九百キロで飛行する物体の中に閉じ込められた私に言えることは、今自分の乗り込んでいる機体は、大平洋上空を北東に進んでいる筈であるが、肉眼で見る限り、外は厚い雲ばかりである、ということだ。

数刻の後に窓の外を眺めた時には、上も下も、青色一色で、上下の見境は全くない。不可思議な空間である。私の乗っているジェット機は今、停止しているとしか感じられない。機内の五十インチ程もある大きなスクリーンに、時折映し出される現在の飛行高度、速度、現在の時間、到着地の現地時間、外気温などの数字のみが、乗客の感覚を現実に繋《つな》げてくれる。辛うじて、私の感覚を現実との接点へと引き戻してくれるのが、それらの数字である。やがて、その表示が消え、スクリーンには映画が次々と映し出される。それを見ている間、私は日常性を忘れ、遊びの世界を楽しんでいる。

だが、航空機のジュラルミンという動く物体の外の世界は、人の営みとは断絶した異次元の世界である。日常性とは無関係の空間を私は飛行している。頭の中に意識として存在するケネディ国際空港という目的地を目指して、時間と空間との一瞬、一瞬を繋ぎ合わせた向う側にある世界を想像して、そこへ到着できると信じているだけなのだ。

機体の内側という日常性との連続の世界と、ジュラルミンの外側の無の世界と私は隣り合わせて、言わば瞬間的な空間移動を経験している自分を思う。

窓の外を何気なく眺めていると、機内から私の耳に強い調子の言葉が伝わってきた。ふと気が付くと、背の高い、ガッシリした感じの男性乗務員が私に向かって、窓のシャッターを閉めてくれと、指示をしていることが判った。窓外に果てもなく広がる雲海が一瞬私の肉眼に映った。それから、私は小さな楕円形の窓の上部から下に向けて、薄い木製のシャッターを右手で強くスライドさせて、光を遮断した。

時計を見ると、十七時三十分を指している。少し睡眠をとった方が良い時刻だ。毛布を膝に掛け、私は目を瞑《つむ》った。無限の空間を駆け抜ける航空機の中で眠るということは、無我の境地へ達することだ。目的地へ向かって飛行する物体の中で、私は異質の感覚に囚われ、まるで宇宙遊泳をしている自分と対峙しているような錯覚を覚え始めていた。

とろとろしている内に、少し眠ったようだ。目が覚めて時計を眺めると、二十時三十分を少し回った頃である。前方のスクリーンを見ると、世界地図が表示され、私の乗るジェット機が曲線を描いて少しずつ、米国本土へ接近している様子が映し出されている。眼鏡を取り出して確認すると、現在飛行地点は、アラスカ上空である。機体はアラスカ山脈を南進して飛行中であることが判る。

私は深い関心を抱いて、窓のシャッターを少しずり上げた。見事な白雪に覆われた深い山肌が、下界に展開している。その光景を私は生れて初めて眺めた。これまで、ほぼ同じ航路を五回か六回程飛んだことがある筈なのに、この山並の光景を見たのは、今回が最初である。まるで、彫刻刀で、木版を深く抉《えぐ》って白く着色したかのように、山並が秩序正しく並んでいる。アラスカ山脈の風景写真はこれまで、何かの折に見たことがある。だが、上空から実景を肉眼で眺めたことはなかった。稀有《けう》な経験である。機内の周囲を眺めてみた。乗客のほとんどは深い睡眠に入っているようである。窓のシャッターを少し開けただけで、強烈な光線が機内に一瞬、侵入する。私は下界の様子を、そういつまでも眺めていることは許されそうもないと思った。アラスカ山脈を上から眺めたのは、ほんの数秒の間のことであった。

　時速千三十五キロメートル、緯度四十八度五十七分（北）、経度八十四度二十二分（西）、外気温度華氏マイナス七十度とスクリーンに表示されている。

　再びとろとろと眠る。機体の揺れとエンジン音の響きが私の小さな肉体に常時伝わってくる。眠らなければならないと意識すればする程、眠れない。私はこれを何度も経験しているので、ぐっすり眠らなければならない、とは思わないことにしている。たとえ一睡もできないことがあっても、ホテルへ着けば、好きなだけ眠ることができると思えば気が楽だ。

　私はいつの間にか、地上的思考を始めている自分を可笑《おか》しく思った。このジェット機が、間違いなく、ケネディ国際空港へ向かって飛行していることが、段々と現実味を加えつつあることを感じ始めている。

　数刻経って私は目が覚めた。時計を見詰めた。暗くて見えない。スポット・ライトを点けて、再び時計の針を確認してみる。先程、スクリーンの案内に従って時計の針を現地時間に合わせてある。修正後の腕時計の針は、十四時十五分を指している。

機内の他の窓のシャッターは随分前から開けられていたようである。私も周囲に習って、一番上まで開けた。もうすぐ着陸体勢に入ろうとしているとの機長室からの機内アナウンスの声が流れてきた。

ケネディ国際空港の上空は快晴である。遥か下方に曲線を描くように地上の車道が何本か肉眼で見える。住宅の屋根が初めは小さく、次に段々はっきり見えてきた。何本もの高速道路が円を描いて複雑に延びている様子が斜めに視界に飛び込む。

機体が揺れて、角度を変え、地上へ急速に降り始めた。高速道路をよく見ると、最初は一本の白い道であった線の上に、無数の胡麻《ごま》を撒いたように、乗用車が列をなして進んでいる光景が確認された。住宅地の所々にあるプールが青白く見える。道路を歩く人が、まるで花の種を不思議な力で転がしているように見える。私の乗る機体は、右に左に大きく揺れた後、今にも着陸体勢に入ろうとしていた。

次の一瞬、着陸の軽いショックを体に感じた。時刻は十四時二十分であった。予定時刻よりも三十五分早く、ニューヨークに到着した。

3. 白タクに乗る

空港からマンハッタンまで、どのような手段で移動するのか、私ははっきりした予定を決めていなかった。最初の訪米の折には、騙されて白タクに乗り、次の回は、相乗りのリムジンバスを使った。三度目の時には、地下鉄を利用して、マンハッタンまで行った。さて、今回はどうしようか。きょろきょろしていると、碌《ろく》なことにならない。白タクの雲助がどっと押し寄せ、こちらの荷物を勝手に掴み、自分の車へと誘導する手に乗ってしまう羽目になる。

目的地に向かって、足早に動くに限る。しかし、そうはいっても、こちらに目的地が決まっているわけではない。目で情報を得ようと、素早く何かの情報を探し求める。妙案が浮かばない。

案の定、白タクの男が私の目を追って、近付いて来る。

「タクシーかね」

四十五、六の頭髪の薄い、背の高い男が、ダミ声でそう言った。

私は一度、その手に乗った記憶がある。最初の訪米の時である。このケネディ国際空港に降り立って、辺りをきょろきょろしていると、髭を伸ばしたむさ苦しい格好の大男が、大股に歩いて私に近づいたかと思うと、黙って私の大きな旅行ケースを手で掴み、俺の後について来な、と言って、悠然とした足取りで私の前を歩き始めた。その男の足は最初、非常に緩慢に感じられた。ところが、いざ追い付こうとしてみたが、その速度は到底私の通常の足の運びで歩けるものではなかった。私はいつしか小走りに走っていた。

「車はどこにあるのかね」

私は息せき切って、そんなことを尋ねたのを覚えている。

「すごそこさ。もうじき着く」

男は短い言葉でそう応えた。こうなると、黙って後をついて行くより他に仕方がない。私は頭の中で、次のように、遊び心で考えていた。

〈車はどこにあるのかね、という質問は、既に相手に乗っかってしまっている、こちらの気持をよく表しているよなあ。よく、旅行案内の本などで、白タクには気を付けなければならない、と書かれているのは、こういう場合を想定しているのだろうなあ〉

空港出口から百五十メートル程も離れた、雑草の茂る空地に、一台の古い乗用車が停められてある。中には誰も乗っていない。それで私は少し安心した。しかし、私はこれで無事にホテルへ着けるとは思っていない。逆に危険な情況に陥りつつある、と感じ始めている。

しかし、そうは思っても、男に重い旅行ケースを持たせて、ここまで歩かせてしまった今となっては、別のタクシーで行きますとは言いにくい気がする。

大きな旧型の、白色のリンカーン車である。見るからに危ない車である。その車のトランクを男は足で蹴り上げ、乱暴に蓋《ふた》を開けた。いつもそうするのか、後部の左側に大きな凹みが目につく。加えて、車全体に錆《さび》が回っている。手入れはほとんどしていない車だ。一見しただけで、男の生活状況を推測することができるというものである。

私の重い荷物をトランクに入れ終わると、男は私に車の中へ入れと合図をする。

　中へ入ると、目的地はどこだ、と言いながら、男は細長い何かのパンフレットのような用紙を運転台のダッシュボードから取り出して眺めている。

「ヒルトン・ホテルだ。お代は幾らかね」

　私はすかさず尋ねた。男はすぐには応えない。その代わりに、別の質問を私に浴びせた。私の顔を真正面から見ないで、私の目から視線を外して言うので、案外小心なのだろう。

「この旅は初めてかね。どこから来たのかな」

「私の顔を見て、判らないかね。日本人と中国人、韓国人の区別は難しいのかな」

　私は腹を据えて、しっかりとこの男の挙動を観察することにした。人が他人に親切にする場合の表情と、他人を騙《だま》そうとする場合の顔に、どのような特徴の相違が表れるのかを、よく覚えておきたいと内心思う。

　人のいないこの限られた空間で、何が起こっても不思議はない。相手の気持一つに全てが掛っている。こちらの思いと行き違って、ナイフかピストルを突き付けられてはお仕舞である。どうにもこうにも、お手上げという場面を今から想定しておかなければならない。

「俺達にとって、日本人と中国人、韓国人の区別はつかねえ。顔が似ているからねえ。で、こちらへは、今回が初めての旅かね」

　男は私の顔を瞬時見詰めた。その目は、欧米人の特徴を持ち、顔の輪郭から、ある特徴を備えていることが直感で判る。その声は大きく、楽天的な響きが認められる。顔の彫は深く、笑うと映画俳優の誰かによく似た、憎めない表情をする。だが、その笑いには、狡猾《こうかつ》さが秘められている。私はそれに全く気が付いていないように装う必要があると思った。

「私は日本から来た。今回が初めての旅行です。思い出深い旅行にしたいと思っている。運転歴は長いようだし、貴方の運転でヒルトン・ホテルまで行ってくれませんか」

「ああ、良いとも」

ここで、男は一覧表を仔細《しさい》に指でなぞりながら、それを私の目に見えるところまで近付けながら、こう言った。

「そのホテルまでちょっと距離があるから、料金はほれ、ここに書かれてある通り、この金額だ。良いか」

その代金は、後から考えれば、誰もが目を剥《む》いて怒り、驚く金額だった。しかし、何もかもが初めての私は、判断の根拠を持っていない。

「二百ドルか。随分と高いね。でも、まあ、この重たい荷物を持って歩くわけにもいかないから、良いよ。行ってくれ」

私の乗った車は発進した。相手の出身国も聞いた。男は地中海の海を見て育ったという。奥さんと子供三人と一緒にニューヨークに住んでいるという。こちらも、これからニューヨークで学会が開かれる予定で、そこで口答発表をするために、はるばる日本から来た。妻との間に子供が二人いる。こじんまりとした、静かな生活をしている、と応えた。相手に安心をさせるための、ほとんど意味のない会話である。余り仔細な質問はしない方が良い。

車は長い並木道を北へ向かって走っている。樹木の影の落ち方を見れば、進行方向は北であることがすぐに判る。三十分も走った頃、男はタバコを買いたいので、ちょっと失礼する、と言って、車をガソリンスタンドに乗り入れた。

目的地へ向かう途中で車を止めるというのは、故障か事故でもない場合、人が心の内に何か企みを抱いている際の、それはもう常套手段なのであろう。故障や事故ならば、車に乗せられている私にも、客観的な情況を理解することができる。だが、それ以外の、相手の心の内側にある意図に基づく行為であるならば、その目的とするところは当人にしか理解できない。透視ならぬ、透心術を心得ていない限り、見知らぬ男の心の内面は神のみぞ知るだ。

「さあ、待たせたね、これから急ぐから心配することはない」

男は買ったタバコを私に示してこう言うと、車を発進させた。ガソリンスタンドを出ると、車首をユーターンさせた。今まで来た道の反対車線に入ったことを、私の目は瞬時に捉えた。私にはよく理解できなかった。つまり、先程来、あれ程長い時間を掛けて走った道を元へ戻る意図が理解できない。並木の大木の影が、私にそのことを明確に教えている。つまり、ケネディ国際空港のある方向へ戻って走っているのである。男を信用できないことを、この時に私ははっきりと感じた。

「運転手さん、この道は何か私に親しみを感じさせるね。昔、日本で何回か走ったことのある道であるような気がする。それだけ、貴方のお国は私の訪米を歓迎してくれているのかなと思うよ。うん、非常に印象に残る風景ですね」

私のギリギリの冗談である。相手の気持に釘《くぎ》を刺す、鋭い風刺のつもりである。午後七時を少し回っていた。樹陰に落ちている太陽光線は、少しずつ勢いを弱めている頃であった。車道に落ちている影も段々見えにくくなっている。

男は私の言葉を気に止める様子もなく、薄笑いを声に滲《にじ》ませながら、ハンドルを握って鼻歌を歌い始めた。空港を出てから、五十分程走った頃、右手に大きなホテルのビルが見えた。車は間もなく、ホテルの玄関口に着く筈である。ところが、運転手は玄関口から百メートル以上も離れたところに車を止めた。玄関まで行ってくれと頼んだが、男は頑《かたく》なに拒む。なぜなのかは、私には判らない。

「ここがあんたの目的地だ。さあ、金を払ってくれ。チップもなあ」

男は金を受け取り、トランクから荷物を取り出すと、私の顔も見ずに、運転席に飛び乗った。何か叫び声を上げたかと思うと、急発進をして走り去った。

「とうとう、やったぜ！」

私にははっきり聞き取れなかった。チェック・インの時、フロントで話を聞いた瞬間に、私は男の言葉がそんな意味の内容の台詞《せりふ》だったのかも知れないと推測した。

ホテルの玄関に着くと、精悍《せいかん》な顔をした案内係の男性が、フロントから飛び出てきた。三十代のその男性は、私に興奮をして尋ねた。

「幾ら払ったんですか」

「二百ドルとチップを少し」

「オー　マイ　ゴッド！」

「なぜ、そんなに驚いた顔をしているのですか」

「空港からここまで、車だと五分です。代金は、五ドル位ですし、それに当ホテルの送迎車に乗って頂くならば、無料です」

フロントへ着くと、その男性は、私を指差して周囲の人々に言い放った。

「白タクに騙された。酷《ひど》いもんだ。二百ドル払ったという。それにチップも払わされたんだ」

私は悪いことをした罪人のように、旅行者やホテルの人々に見詰められた。同情半分、嘲笑半分の気分も読み取れる。

私はすぐに部屋へ案内してくれと、頼んだ。先程の男性が、私の重い旅行ケースと手提げカバンの二つを持って、二階の部屋へ案内してくれた。部屋に入りチップを払うと、案内係の男性はすぐに部屋から出ていった。

窓を開けて、外の空気を吸いたいと思った。その時になって、私は初めて悟った。

「やられた!」

ホテルの二階の窓から眺め回すと、民家のすぐ向うに、ケネディ国際空港に止まっている航空機の尾翼がいくつも並んでいるのが見える。

それにしても、あの白タクの男は私から二百ドルを受け取るために、わざわざ遠回りをして、五十分も走り回ったのだ。その道中の気分はどんなだったであろうか。私と言葉を交している時、男の心は後ろめたい気持に苛まれることはなかったのであろうか。

私はその男を恨むよりも、むしろ、哀れに思えて仕方がない。だが、男を哀れむ自分を、同時に哀れむ、もう一人の冷めた自分がいる。私は顔から火が出る思いである。

好奇心半分であったとは言え、ある意味で、私は男の気持をどこかで試していたのだと思う。その授業料として二百ドルを払っただけで済んだのであるが、場合によっては、命と引き換えになることもあり得るかも知れない。

私は人を試すという、下種《げす》な心の働きを抱いた自分を恥じた。最も反省すべきは自分だったのだ。

4．空港からマンハッタンまで

「やあ、声を掛けてくれてありがとうさん。お生憎《あいにく》さんだったね。友人が迎えに来てくれているので、今、この辺りで探していたところさ」

私は今度の訪米の折、ケネディ国際空港出口で私に近付いた男に向かって、そう応えた。男はつまらなそうな表情を見せると、他の客人を探す目付きに早変わりして、私からそそくさと離れていった。

公衆電話がいくつも並んでいる片隅で、椅子に座って話をしている人の姿を何人か見掛けた。それで私もそれをやってみようと試みたが、迂闊にも電話をする先の番号の情報を一切持っていない。公衆電話のそばのどこを探しても、電話番号帳は見当たらない。ホテルを自分で探す手立てを私は頭の中で探《さぐ》った。

第二章

日本にいる時に、業者任せで何もかも決めて貰うと、その分だけ楽であるが、逆に楽しみも少なくなる。航空券だけを予約しておいて、あとは一切を現地入りしてから自分で決める方が、地理にも明るくなる。短期間であれ、アメリカで生活をするためにやってきたのである。自分の頭で判断をして、空港からは人の助けを得ないで、ホテルまでの移動を考えてみることにした。幾度目かの渡米の折から、私はそうすることにしている。

空港の建物の中で私はなおも手探りで探した。何を探すのか、それさえはっきりしないまだ。しかしどうであれ、私は安易にタクシーに乗ることはやめたいと考えている。

うろうろ歩いていると、旅行者を案内するためのカウンターが目に入った。女性職員が一人座っている。近付いて尋ねてみた。

「マンハッタンまで乗せてくれるバスはないですかね」

「この右手の出口のすぐ傍らに停まっているバスがあれば、それに乗ると良いです」

私は大いに期待しつつ、空港の建物から外へ出た。すると数メートル先に、車掌らしい男が帽子を被って、黙って突っ立っている。

「マンハッタンまで行きますか」

「十三ドル。目の前に停まっているバスだよ」

私は小躍りして喜んだ。重い荷物は、バスに乗り込む前に、車体の下部にある収納スペースへ入れて貰える。係の男が客から荷を受け取ると、次々と、その中へ荷物を押込む。

バスの識別プレートに、百十八号車と書かれてある。私はこの大型リムジンバスに乗り込むと、次は、バスを降りてから、どこをどうやって、その日から宿泊するホテルを探したらよいのか、頭の中で考えた。

リムジンバスの終点はグランド・セントラル駅とのことだった。空港内の最後の停車場で客を乗せると、一人の若い車掌が乗り込んできた。乗車券を拝見しますと言いながら、次々と乗客から券を受け取って確認をしている。

私には乗車券を受け取った覚えがない。十三ドルを払ったので、それで乗せて貰えたと思っている。いよいよ車掌が私のところへやってきた。

「乗車券を受け取っていないのだがね。運転手さんに聞いて下さっても良いですよ」

「そんな筈はありません。よく探してみて下さい」

「いや、ないよ。受け取っていないんだ」

「じゃあ、あなたの乗ってこられた航空機は何便でしたか」

「ああ、それはノースウエストです」

「その券をどこに入れてありますか」

私は謎解きの質問攻めを受けている気がした。

「なぜ、今、君はそのことを私に尋ねるのですか」

「いやぁ、ちょっと気になります。とにかく、帰りの便の航空券の入っている冊子を私に見せて下さい」

私は狐につままれたように、ポカンとして、車掌の言うままに、航空券を財布の中から取り出して、それを相手に手渡した。

車掌は手早く、私の航空券の中身を開いて、点検しているようである。

「はい。これです」

車掌は、得意顔になって、私の顔の前に、私が受け取った覚えのない乗車券を取り出した。それは一枚の薄い紙片であった。

「お客さんの中には、大事なものは何でもこの帰りの便の航空券の中に入れている人が多いので、ひょっとすると、この中ではないかなと思っていたのです。良かったね」

私は顔から火が出る程、恥ずかしい思いをした。自分の財布の中に入れておいた航空券の中から、バスの乗車券を他人の手によって取り出されたのだ。自分が自分の持ち物に関しては、世界中で一番知っている筈なのに、である。

〈それにしても、この若い車掌、まだ二十五、六歳の男なのに、切れ味の良いこと〉

私は舌を巻いて、黙り込んだ。

グランド・セントラル駅でリムジンバスを降りると、タクシーに乗り、ペンシルベニア駅まで移動をした。私の旅の疲れを癒《いや》してくれるホテルをこの駅周辺に求めておけば、後々何かと便利であることを私はよく知っている。タクシーの運転手に向かって、どこか安いホテルはないかと問うのもどうかと思うので、聞くのはやめた。

マディソン・スクエア・ガーデン前の階段で一休みし、日本から持ってきたマンハッタンの地図を取り出した。駅周辺に一泊四十ドルと表示したイン（多くは安宿）がある。

私は地図を頼りに、歩き始めた。三十分も歩くと疲れてきた。エンパイア・ステート・ビルディングを常に方位の一角に置いて、方角の見当を付けて歩くのだが、どうも、安くて安全そうなホテルが見当たらない。数人の散歩姿の人に聞いてみるが、指示してくれた方角へ行っても、目的のホテルはない。私の使う英語が余り正確ではないのが原因なのかも知れない。

それでも、一時間半程歩き回って、とうとう良さそうなホテルを探し当てた。韓国系アメリカ人が経営する、三階建ての茶色のビルが私の探し求めていた建物である。表には小さな文字で、「マンハッタン・イン」と書かれてあるだけである。一流ホテルに見られるようなフロントはなく、ドアを開けて入ると、そこが狭苦しいフロントである。

「ハロー　ジェントルマン！」

そう私は呼び掛けられた。

「安い部屋はありませんか。十日間程泊りたいのだが」

「確認します。しばらく、お待ち下さい」

私の相手をするフロントの男性は三十五、六歳の、一見すると日本人かと思うくらいの、韓国系の紳士である。時折、片言の日本語で、「お待ち下さあい」と変わった発音で言う。

「一泊、八十五ドルです。同じ部屋は空いておりません。初日だけ、別の部屋にお泊まり頂いて、二日目から最終日まで同じお部屋になりますが、それで宜しいでしょうか」

私は、看板に偽りありかと思った。だが、思い直した。前回、マンハッタンのホテルに宿泊した際、最低でも、一泊百四十ドルはした。二百ドルという場合もあった。日本国内で旅行業者に航空券とホテル代込みのチケットを依頼すると、ホテルは一流どころの部屋が確保される。私はセキュリティが確保されているならば、安くて駅に近い方を選びたい。そうなると、どうしても現地で自分の足で、そんなホテルを探すしかない。贅沢《ぜいたく》なしだ。

この旅行で飛び込んだインの雰囲気は、簡素だがセキュリティも大丈夫そうだと感じた。

「判りました。では、本日七月一日から十一日まで、お世話になります。部屋へ案内して下さい」

今回、私が飛び込んだホテルは、インと表示されている位だから、部屋へ入ってみると、一流ホテルとは段違いだ。第一に、施設が貧弱である。それはしかし、当然のことであり、仕方がないと思い諦めるしかない。ものを書く机がない、洗面台のコップは使い捨ての紙製である。歯ブラシ、髭剃りはいうまでもなく、サービスの対象外である。だが、タオルと石鹸だけはちゃんと備え付けられてある。和室で言うならば、三畳程の空間にバス・トイレ付きの、至って簡素にできた部屋である。それでも、私は不思議な安堵感を覚えた。

フロントへ降りて行って、隅に据え置かれたパソコンを使わせて頂き、家と大学の関係者数人の友人へ、電子メールを送りたいと思う。日本語のキーボードがないから、当然、英語でこちらの気持や情況を知らせるしか他に手段はない。英語で判って貰えるだろうと、推測して、次々と、メールを送った。一時間の使用料として、請求額は五ドルだ。妥当な額だ。

このインで、毎朝、六時に目が覚めた後、洗顔、入浴を終える。着替えると、インのすぐ隣のデリカテッセンに入る。安くて食べ応えのある物を選んで、少しだけ買えば経済的である。チップを払わないで済むので、経済的である。二十四時間営業の店が多いのも、この種の店の特徴だ。パン一切れ、リンゴ、オレンジ・ジュースを買ってきて、インの部屋で朝食を摂ることにした。

この店の経営者はインド系アメリカ人らしい。カウンターの奥から男は私に向かって日本からですか、と問うた。

背のすらりとした、少し黒ずんだ顔に、男は愛想の良い笑顔を浮かべた。その顔を見た瞬間、私はどこかでその表情を見たことがあるような錯覚に囚われた。だが、事実は、初対面である。かなり前から互いに知り合った友人のような気持を覚えたのは、不思議な経験である。

「そうです、昨日、ニューヨークに着いたところです。これから、すぐ隣のインで、十日ちょっとばかりの間、滞在する予定です。毎朝、この店に来ます。どうぞ、宜しく」

私はそんな愛想を言った。相手は握手を求めた。私は反射的に男の手を握った。男は私の手を握る際に力を入れ、満面に笑みを浮かべて言う。

「日本は、インドのすぐ隣の海域にありますね、地球上の同じ地域の国同士ですよ。どうぞ、宜しく」

朝食を済ませた後、私は外出の準備をした。目指すは市立図書館である。図書館へ入って、閉館時間ぎりぎりまで、ある構想を練って、過ごそうと思っている。

5．ニューヨーク市立図書館で

七月十三日から十七日まで開かれる予定のクーパー学会で、自分の発表日がいつなのかは、現地へ着いてみないことには確認することができない。本論に先立って、五分間の挨拶代わりのスピーチをして、聞き手の気持を和らげ、こちらも会場の人々とできるだけ一体化して、リラックスした気分で発表を終えたいものだ。

口答発表の原稿はすでにできあがっている。日本で三ヶ月間、入念に練って仕上げたものだ。同僚のアメリカ人、ポール・ドヨン氏による原稿のチェック済みでもあるから、こちらは安心して発表できるだろう。内容を何度も読み、重要な箇所は、原稿を見ないで、聞き手の顔をできる限り多く見ながら、発表することが成功に繋がると思う。原稿に顔を埋めるようにして読み上げるという愚はしたくない。聴衆を無視した感じを与えるからだ。

ただ、英語で外国人を相手に話すとなると、少し勝手が違う。こちらのちょっとした発音の間違いが、現地の人の耳には奇妙に聞こえるであろう。自分では良いと思っていても、私の話を聞く人々がその国で遣いそうにない言い方は避けなければならない。この他にも、卑《ひ》猥《わい》な表現、奇妙な古い言い回し、文法を無視した間違った言い方、普段遣われそうにない短縮表現、余りに馴れ馴れしい言い方等、注意すべきことは無数にある。日本語であれば、これはこの場合、不適切とか、前後の言い回しから、これも良くない、あれも相応《ふさわ》しくない、などと瞬時に悟ることができる。しかし、英語でとなると、そうはいかない。

ニューヨーク市立図書館は空調も効いているし、周囲に人がいても存外静かである。環境は抜群に良い。五分間の挨拶代わりのスピーチを考えるため、私は原稿用紙を前に、文章をひねってみようとした。だが、妙案が浮かばない。五分間だから、原稿用紙で二枚ちょっとである。私の発表の順番が午前中であれば、話の始まりはもちろん、「ハロー　グッドモーニング　レイディーズ　アンド　ジェントルメン」だ。午後であれば、「グッドアフタヌーンエヴリボディ」から始まることは言うまでもない。問題は、話の骨子として何を持ってくるかである。木に竹を接《つ》ぐような話では、聞く人の心に訴えることはできない。そう考えた挙句、頭の中でつくり話を繋げたような文章を考えるよりも、誰にとっても自然な話題が良いであろうと判断した。そこで十年前に初めてクーパー学会に出た時の情況を思い浮かべてみた。心の中で、静かに過去十年間の米国人との関わり合いをじっくり考えてみることにした。

十年前のクーパー学会も、今回と同じニューヨーク州立大学オニオンタ校のミルヌ図書館の中で行われた。初回の参加であったから、言うまでもなく、私は傍聴参加にとどまった。その折、私にどのような人がどんな内容の言葉を掛けてくれたのか。私はどのような思いを抱いたのか。

私はニューヨーク市立図書館の二階にある、資料室の大きなテーブルの上に原稿用紙を置いて、しばらくボールペンを握ったまま、周囲にずらり並ぶ書物を見詰めつつ考えていた。バック・ナンバーが見事に揃った万巻の書物とは、こういうものなのだなあ、と妙な思いに囚われていた。本ばかりに囲まれた空間に座っている今の自分が、実に不思議である。それはあたかも高度一万メートルの空間を移動する航空機の中に座っていた自分と同様と思われた。宇宙の塵《ちり》と比較してもほとんど同様の微細な自分でしかないのだという強い思いに沈んでいた。

非日常性の中にしばらく自分を置くということは、取りも直さず、普段の自分の頭脳回路から一旦離れて思考することのできる環境を手にしたことになる。それまで見落としていたり、気が付かなかったり、あるいは又、過誤の内に正しい進路を取り損ねていた自分に気が付くかも知れない。

ニューヨーク市街を歩くと飛び込んでくる、絶えず車と人とのせめぎ合いからくる、乗用車やタクシーの鳴らす遠慮会釈もないクラクションの音、救急車やパトロール・カーのサイレン音、人々の口から漏れ聞こえてくる無数の言葉、強烈なネオン・サインと宣伝広告の音、街全体の吐き出す、何とも言えない活発な騒音――。

その都会の音が、市立図書館の中にいると、掻《か》き消されている。深閑《しんかん》とした森の中にいるような錯覚を覚えてしまう。時々聞こえる人の咳やくしゃみ、書棚に本を戻す人の気配などが、辛《かろ》うじて私を日常性の中へ引き戻す作用を及ぼす。しかし、私はここでは名前をもたない一個の男として存在しているのみである。誰一人として私の顔を知らないし、まして私の名前を知る人もいない。

その日常性とは隔絶された空間に、たった一人で何かを思考する時、私は限りなく自由で一切の不安からも解放されている。そんな状況下で何かを考えていると、思考の対象が鳥瞰《ちょうかん》図でも眺めている時のように、目の前に鮮明に見えてくることがある。

静かな図書館の中で、私はいつしか十年前に訪問した学会会場の光景を思い出していた。

その年、ニューヨーク州立大学オニオンタ校のミルヌ図書館で、クーパー学会が開かれた時の初日のことである。夜十時頃に講演が終わって、宿泊先までの二百メートル程の散策路を歩いていると、ヒュー・マクドゥーガル氏の奥さんで、エレノーという名の六十歳前後と思《おぼ》しき婦人が私と並んで歩いていた。

暗い電燈の光の下で受けた印象であったが、随分と色白の方であると思った。眼鏡を掛けた、背の低目の上品な感じの婦人であった。少し吃《ども》る方であったが、私に向かって、歩きながらこんなことを言われたことを今もって忘れることができない。

「貴方もこの学会で発表されたら良いと思いますよ。発表されると、やがて、学会誌に活字となって貴方の論文が掲載され、それが機縁となって、思い掛けない将来の展望が見えてくるものなのですよ」

街灯の光の下だったので婦人の細かい表情は見えにくかったが、その話す吃音《きつおん》の調子が印象に残った。私の顔を覗《のぞ》きつつ、洪水のように言葉を次から次へと浴びせる婦人の熱意に、私は心から感謝の気持を覚えていた。

「エレノー、貴女のお言葉に私は感動しました。私は目的を持って日本からやって参りました。しかし、その目的が具体的に何であり、どのように自分の意図を実現したら良いのか、闇の中の手探りでした。ところがお話を伺って、今、私は決心を固めることができました。貴女を抱き締めて、キスを贈りたいほど、今、私は貴女に深い感謝の気持で一杯です」

「まあ、それは良かったことですわ。そうなさい。きっと、ですよ」

その日の夜、私は余程興奮していたのかも知れない。エレノーの言った通りだと思った。この研究発表会で、一流のクーパー研究家を前にして、自分の考えを述べることができるならば、ただそれだけでも私にとっては、大きな出来事であるに違いない。

二年に一度開催されるこの学会に、私は自分の成果を日本から引っ提《さ》げてきたい。次回からは発表をするためにこの学会に参加をする。その思いを私は改めて自らに誓った。

その決意を人知れず内に固めてオニオンタを去ってから、今回でちょうど十年目になる。

二　オニオンタ再訪

1．再会を喜ぶ

学会の初日、レセプションが行われようとしていた夕刻のことである。テネシー州立大学で教えるスティーヴン・ハーソンは私の姿を見付けると、やってきて、

「しばらく。二年振りだね。今回も互いに無事に参加できたことを、嬉しく思っている」

懐かしそうに言いながら、私の肩を抱いた。久し振りに知人に会う時、アメリカ人は手を

握るより、互いに抱き合い、肩に手を置いたり、軽く叩きながら、顔を離してこちらの顔を懐かしそうに見詰めては、また肩を抱く。

ジョージア州立大学で教える、シグネ・ウェグナ女史も会場内に入ってくると、周囲を見回し、私の顔を認めると、一気に駆け寄って、抱き、頬ずりしながら、久し振りの挨拶を交した。

「またお会いできましたわね。お変わりなく、何よりですこと」

そう言って、シグネは大きな目で、にっこり笑って、私の顔を見詰めた。その後、スティーヴンとも同様に挨拶をすると、すぐに話はコペンハーゲン大学から来る筈のヘニング・ゴールドバエクについての話題になった。

「先程から、ヘニングの姿を探しているが、タイスケは見なかったか」

スティーヴンはそう言って、私を大きな目で見詰めた。色白で四十五、六歳の、背丈は私と同じ位のスティーヴンは、いぶかし気な顔をして次にシグネの方を振り返った。

「今朝ね、リチャードにオールバニ空港まで迎えに来て貰ったの。あの人の車に乗せて頂いたので、情報を聞いたわ。その時の話では、ヘニングは今回は欠席らしいのよ」

「何だ、あの男は二年後もここで会おうと、前回の席上で約束した筈じゃあなかったのか」

私はそう言って、二人を見詰めた。

「確かに俺達は、そのように約束していたよ」

スティーヴンは顔を傾げると、シグネの目を見ながら言った。

「理由は誰も知らないらしいわ。でも彼が来ないことは、確かよ」

「そうか。ヘニングはどこか別の学会にでも出ているのかな」

私はいつまでも詮索《せんさく》していても仕方がないと思い、目を会場の中央へ向けた。レセプションは間もなく始まる。やがて、幹事のリチャード・リーが歓迎の挨拶を早口で始めた。

このリチャードはシグネをオールバニ空港まで迎えに行く前日に、私をオニオンタの長距離バスの停留所まで迎えに来てくれて、その後、来賓館でもあり、宿泊施設でもある、モーリス・コンプレックスと呼ばれる大きな建物まで私を案内してくれた男だ。しかもその後、実に色々と私の身の周りの世話に気を遣ってくれた。ニューヨーク州立大学で教える四十五、六歳の、濃い顎鬚を生やした親切な男だ。リチャードの話す英語の滑らかで、綺麗な発音に私が酔ったように聞き入っていると、いつの間にか、話は先へ移っているので、何度も聞き返す。この男の会話についていくのにいつも苦労をする。

リチャードの挨拶は案の定、すぐに終わった。挨拶の合間に、ところどころでジョークを飛ばして、周囲の人々を笑わすのだが、私にはその可笑しさがよく判らないのが残念である。だが、これは仕方がないと諦めるしかない。

会食が始まって、しばらくして、ウイリアム・ベネディクトが遅れてやってきた。私の十年来の友人だ。私の隣に空席を見付けると、目でウィンクの挨拶を交えながら座った。

「やあ、しばらく」

そう言って、ウイリアムは白色の顎鬚を震わせた。年齢は六十八歳前後であろう。ヴェトナム戦争で多くのアメリカ人が心に傷を負って立ち直りに苦労をしたという話を他所《よそ》で聞いたことがあるが、このウィリアムは、戦争から帰ってから、偶然の切っ掛けで、大学へのポストを手にして、ニューヨーク州立大学オニオンタ校で、長い間、教鞭を執ってきたという。教える教科は会話と国語だと聞いた。戦争で多くの戦友を亡くしたことを今でも忘れることはできない、と言って、私が二度目の訪米の時、ウィリアムがいつも通う教会へ私を連れて行ってくれたことがある。

「今回、タイスケはどういうことを発表するのかな。準備は整ったかね」

ウィリアムは私の英語を心配して尋ねていることが判った。

「ベストを尽くしてやるつもりです。今回はね、英国のローレンスとクーパーとの関連性を、私の考えに基づいて分析した結果を纏めて、お話しするつもりです」

「そうか、ローレンスなあ。タイスケは、クーパーの作品で、何を最初に読んだのかな」

「『スパイ』です。次に、『アメリカの諸観念』、続いて『アメリカの民主主義者』を読みました。最後に〔革脚絆物語〕という順番で読んだのです」

「全く驚いた。アメリカ人でも、そういう人は滅多にいないね。最初が『スパイ』とはなあ」

ウィリアムは驚いた表情を露にして、ワインを私のグラスに注いだ。テーブルの向い側に座ったスティーヴンとシグネは何か他の話題で楽しそうにワインを傾けている。

その内に、スピーチを終えたリチャードは、テーブル毎に座った色々の人々と言葉を交した後、私の右隣に座った。私はさっそく、この度、迎えに来てくれてお世話になったことへのお礼と感謝の気持を述べた。相変わらず、早口で話しながら、私の肩に手を置くと、心配することは何もない、何であれ俺達に任せろ、そう言って、ワイン・グラスを私のそれにカチッと当て、一気に飲み干すと、急がしそうに、また別のテーブルへと移っていった。

このレセプションの行われる会場は、いつもモーリス・コンプレックス地階の食堂と決まっている。六人掛けのテーブルが十ばかり配置されている。大学院の学生らしき姿も多く見られる。今回、初めて参加するらしい人もいて、私には見覚えのない紳士淑女の姿が結構目立つ。

男女七名程のウエイター、ウェイトレスがそれぞれのテーブルの料理の減り方を、注意深く観察している。こちらがスプーンをしばらく置いていると、サッと近付いてきて、

「こちらは、もうお召し上がり済みですか」

と尋ね、首を縦に振ると、すぐに片付けて、他の料理を配膳してくれる。

クーパー学会の初日は、このレセプションに始まり、キー・ノート・アドレスと銘打って、記念講演が一日のおしまいに予定されるのは、いつもの通りである。

この学会の重鎮ともいうべき人で、カリフォルニア州立大学フラートン校教授のアラン・アクセルラッドと、私は十年前に初めて会った。この人は毎回欠かさずに参加し、参加する度に、重要な講演をしてくれるので、今回はどんな内容の話かしらと、私は強い関心を抱いていた。

アランによる今回の記念講演は、クーパー一族は、当時、クリスマスをどのように祝ったのかという観点から、クリスマスとクーパーの家庭の情況を詳述しながら、当時の社会背景に詳細な観察の目を向けた、珍しい内容の講演であった。七十分程の時間、原稿を仔細に眺めながら、又、時には聴衆の顔を眺め回しつつの、相当に充実した聞き応えのある講演である。早口に話す癖のある人だ。

この人のクーパー研究書を私は日本の書店で買って読んであったので、二度目の訪米の折に、署名をしてくれと、アランの目の前に彼の書いた本を差し出したことがある。アランは目を丸くして、大きな声を発したのであった。

「オー　マイ　ゴッド！」

これを日本語に訳すと、差し詰め、「これはまあ、何ということだ！」といったところか。言うまでもなく、アランは私の差し出した自著の裏表紙に、自分の名前と私の名前を並べて書いてくれた。それ以後、アランは私の言動に注意を向けるようになったことは確かである。

スティーヴンはこのアランに余り良い印象を抱いていないようだった。二年前にスティーヴンが初めてこの学会に参加して発表した折に、アランから鋭い質問の矢が飛び、その質問に応えたスティーヴンの説明に対して、アランは鼻の先で笑って相手にしようとしなかったらしい。

スティーヴンはそれを忘れることができないと見え、ダウンタウンへ昼食を食べに行った折、顔を真っ赤にして、私とシグネ、ヘニングの三人を前にして、反感をぶちまけたことがあった。その折の、二人の受け止め方は、私のそれとは大分違っていた。私は黙って聞いていたが、シグネとヘニングはスティーヴンに同情的な言葉を遣って慰めていた。

同様のことは日本でも時折経験する。そんな折、私は、うんともすんとも言わないで、黙って相手の言う言葉に耳を傾け、気が済むまで言わせておくことにしている。大事なことは、それを他言しないことである。当事者同士の軋轢《あつれき》を、一方の人の言葉として他に伝えると、大抵の場合にその言葉が間もなく先方の当事者へ伝わって、双方を仲違いさせることになる。

アメリカ人は普段はカラッとしているようであるが、自尊心と独立心とを大事にして幼少時から育ってきた国民性からしてみれば、他人から自分の考えの一部又は多くを否定されると、そのことを長い間に亘って忘れないという執念深いものを持っているようだ。それが又、彼等の強大なエネルギーともなって、アメリカン・ドリームの実現の大きなバネになっているようにも思う。

アランの講演は、圧倒的な説得力とキー・ノート・アドレス担当者としての自信に支えられ、聴衆の誰からも絶賛された。時計を見ると、既に夜の十時に近い。翌日から、いよいよ本番の口答発表が行われる。

2. 賛否両論のけじめ

学会初日はレセプションで暮れて、二日目からいよいよ発表が行われる。朝から夕方まで五日間、スケジュールはぎっしり詰っている。

宿泊先の自分の部屋を朝八時少し前に出てミルヌ図書館まで歩き、会議場横の小さな部屋で、朝食を摂る。用意されているパンにジャムを付けて食べ、オレンジ・ジュースを紙コップで飲み干し、私は先客に交じって周囲の人々と同じ朝食を済ませた。参加する会員は、誰もがこの狭い部屋で朝食を摂るので、急いで食べる必要がある。

食事を終えて、二十分程時間が余ったので、図書館付属のコンピューター室へ移動をし、日本のわが家と友人諸氏に電子メールを送ることにした。

八時半少し前にコンピューター室から会場へ戻った。ほぼ全員が着席していた。リチャードが開催当事者として、開会の挨拶をする。それに続いて、今回、ロシアとデンマークからの参加者二人が参加を取り消した旨、事務連絡が行われた。やはりヘニングは来ないようだ。

今回の学会全体のテーマは、「クーパー作『鹿殺し』という作品をめぐって」と題されている。

最初の発表者は、ニューヨーク州立大学オニオンタ校の初老の教授である。この人は、アメリカの独立当時の領土拡張論の威勢の良さと原住民との闘争の過程を細かく話したので、私は興味をそそられた。教授は演壇中央に、大きなアメリカ地図を広げ、〃マニフェスト・

デスティニ〟(アメリカ膨張論の典型)の理念に基づいて、独立以来発展してきた強いアメリカの闘争の歴史を意気軒高たる調子で語った。その朗々と響き渡る声は、教授の授業もかくやと思われた。

しかし、私は教授の「強いアメリカ」の歴史的変遷の話を聞いている間、アメリカの陰の部分を教授がどのように説明するのかと、耳を研ぎ澄ませて注意していた。しかし原住民との戦いの歴史の凄まじかったことの説明はあったが、大量殺戮《さつりく》によって、弱小民族を窮地へと追いやったアメリカ史の翳《かげ》りの部分について、十分の説明を聞くことはできなかった。六十代半ばの教授の堂々とした声、色つやの良い表情、声量の豊かな話振りが印象に残った反面、歴史認識の裏側に潜む視点の落とし穴、多くの人々が顔を背けたがる歴史上の誤りに関しては、十分の省察と反省を込めた解説がなされないままに終わった。とりわけ、大学院生の若い人々の混じっているこの発表会場では、そういう配慮は必要不可欠ではないかと、少なからず私は反発を覚えていた。この人は初参加者ではなく、学会が行われる度に、必ず意見を発表してきた学者である。己の歴史認識の仕方に深まりを見せない学者はどこにもいる。

聴衆は三十三名いるが、誰一人として、異論を挟む人はいない。学生の中に、アフロ・アメリカンの姿が男女何名か混じっているが、その人たちも押し黙っている。何か不自然だ。私は自分の発表で、この教授と正反対のことを述べる予定があったので、聞き手の反応に強い関心を抱いていた。だが、何事もなく、議題は次に進められたので、意外に感じた。

エレノーの夫で、この学会幹事の重要な一人、ヒュー・マクドゥーガルが二人目の発表者として、演壇に立った。ヒューの発表内容は大部違っていた。『鹿殺し』に登場する主人公のナッティとチンガチグックは、一方は白人であり、他方は原住民である。二人の男性は原生林に住み、固い友情で結ばれている。表面的には探険小説である。密林に一人の白人の女性が現れ、ナッティの前に立つ。ナッティは愛を求めるその女性を峻拒した後、友人のチンガチグックと共に森の奥地へと消えていく。その気持の底にあるものが、この作品のテーマに深く関わっている、という主旨の発表であった。

リアル・ワールドを寄せ付けようとしない主人公のナッティは、常に遠くにそれを突き放す。自分の論理性を厳しく追究してやまない人物であると思う、とヒューが発表を結んだ時、私はぜひ質問をしたいと思った。

「ヒュー、貴方の話に深く感銘を覚えました。大変に興味深いご発表でした。そこで、一つ質問を致します。お話の中で、ナッティの論理性について述べられましたが、その論理性は、ナサニエル・ホーソンの作品に見られるように、アメリカ文学の歴史の初期に見られた、あのピューリタン精神と何か深い関わりはあるのでしょうか」

ヒューは白髪と口髭を上下に揺らしながら、眼鏡の底から鋭く光る目を私に向けた。

「タイスケ、君の質問は恐らく、わがアメリカ人の多くの関心の的でもあると思うね。その主旨でこの作品を読むならば、新たな展望が拓かれてくることは間違いないと思います」

ヒューはハーバード大学を出た後、コロンビア・ロースクールで専門性を高め、その生涯を外交官として働いた後、長い間、アフリカとタイで政務に関わった経歴がある。退職した後、ヒューは自分の住む町で、かつてアメリカ人に多くの作品を通じて問題を投げ掛けた作家ジェームズ・フェニモア・クーパーが住んでいたことを思ったという。そしてその作品に非常に深い関心を寄せ、初老の頃からクーパー文学に興味が惹かれるようになったらしい。

政界を退いてから、ヒューは大学には所属しないで、個人研究家としてクーパー文学の研究を進めてきた。数々のクーパー研究書を出版し、学会が開かれる度に必ず口答発表をし、自らが学会幹事長として中心的な役割を果たしてきた人だ。

ヒューのことを知らない人は会場に誰一人としていない。人柄は決して穏やかな人ではない。むしろ、激しいタイプの人だ。一度激論となると、目を剥いて、大きな声で、会場にいる人々を睨み付けるようにして、自らの考えを臆面もなく吐く人だ。その透明な論理と、明解な話し振りは、しかし誰の目にも常に明らかである。ひとたびヒューが唸ると、大抵の教授も深く頷く光景が私の目に印象深く映る。声の大きさで相手を屈服させるのではなく、声量もさることながら、言葉の正確さと豊富な知識、それに言わんとする内容の首尾一貫性が、周囲の人々を納得させるのである。不思議な人だ。いつか私に生年を語ったところによれば、一九三〇年生まれであるというから、今年、七十八歳になる。背の高い、堂々とした体格の、精悍な紳士である。

ヒューの発表後、私を含めて四名の質問者がいた。ヒューは、真剣な表情で、時折、高い笑いを交えて、言葉の応酬を楽しんでいるようである。この人に会う度に、私はいつも頭脳の怪物という印象を受ける。豊富な知識と洪水のごとき言葉をもって、論戦に臨む。

この日、午後にスティーヴンの発表があったのだが、生憎、私は会場に向かうことができなかった。そのことを後で、深く陳謝した。日本から持参した携帯用のパソコンが、インターネット上の情報を受付けなくなり、ウィリアムの世話で、コンピューター室勤めの専門家にそのパソコンを持ち込んで、診断して頂いていたからである。

せっかく日本から持ってきた機器を遊ばせておくのは勿体ない。それに大分重い荷を我慢してここまで運んできたのだ。

非常に長い時間を掛けて診て貰ったが、どうもさらに時間が掛かりそうである。とにかく直して下さることを心から念じているので宜しくと頼んで、ウィリアムとともに会場へ急いで向かった時にはスティーヴンの発表は終わっていた。

結局、後日、私のパソコンは直ったと説明を受け、コンピューター室で確認をしたところ、確かに正常に作動しているようであった。私は感謝の言葉を述べた。そして日本へ九月末になって帰ってから、改めてお礼を致しますので名刺を下さい、と頼んだ。四十代半ばの、眼鏡を掛け、運動用のシューズに足首を突っ込んで歩き、短パンを穿いて豪快に笑う男は、私に「ジェームズ・グリンバーグ」と印刷された名刺を手渡してくれた。この大学を卒業してから、ずっとコンピューター室で働いてきた、パソコン技術専門職員であると自己紹介した。学生指導も当然行うので、学生から見れば、先生だ。パソコンの授業で、学生の論文指導も長年担当してきているという。長い時間を掛け、学生一人ひとりの癖や問題点を指導してきた様子をウィリアムと話す言葉に耳を傾けていると、私はアメリカのパソコン指導体制の豊かな機能面を垣間見たと思った。

午後二時から始まった、ランス・シャクターレ教授の話に、私は注目していた。この紳士とは、会議が始まる前に、名刺を交換しておいた。白髪初老、非常に透き通った美しい声の持ち主である。その紳士が私との名刺交換に、特別の思いを抱いていることを知ったのは、次の言葉を聞いた瞬間にであった。

「ジェフリーから、貴方へ宜しくと言っていましたよ」

ランスは私の手を握って、そう言った。この人は、クーパーの『開拓者』を装いも新たな解説付きで編集をし、一九八〇年に出版した人だ。二年前の発表で、フロイトの精神分析の手法を取り入れてクーパーの作品、『大平原』を解説した精細な論文を私は読んである。

一種独特の固い文体で、外国人の私の理解をなかなか寄せ付けない難解さを持つ論文であったが、今回、ご本人に直接会って話してみれば、紳士然とした、人当たりの非常に穏やかな人物であることを知って、私は心温まる思いを覚えた。その折目正しい紳士は、ジェフの言付けを私に伝えると、柔らかな掌で私の手を握ったのであった。

3. クーパーズ・タウンへのツアー

学会の中間日にあたる三日目の午前中に、クーパーズ・タウンへのツアー参加者は数台の車に乗り合わせて、オニオンタから一時間程離れたオトゥエーゴ湖畔のその町を訪れる。学部や大学院の学生に混じって、時には地元の主婦が飛び入りで参加することもある。私は今回もこのツアーを楽しみにしていた。

朝九時に宿泊施設モーリス・コンプレックスの玄関前に集まり、三十数名の参加者は五台の大型ワゴン車に分乗した。

参加者はみな短パン姿、あるいは簡単な服装である。私はどの車に乗ろうか、と迷っていると、スティーヴンが近付いて言う。

「シグネと一緒に私の車に乗って下さい」

幹事のリチャードが私の横を通る時、私はスティーヴンの車に乗せて貰いますから、と一言連絡をしておいた。そのように断っておかないと、この世話人は、タイスケはどうした、どの車に乗ったか、と探し回ることが容易に予想されるからである。

出発は九時半ちょうどで、予定通りであった。私は日本から重いカメラを持参してきていた。バッテリーの点検も大丈夫。フラッシュも携帯している。フィルムに至っては、どんなに沢山シャッターを切っても、フィルム切れという事態を招く恐れはない筈である。初回参加のツアーの最中に、余分のフィルムを持参する点検を怠ったため、現地でフィルムがなくなり、買おうとしても、山間地であるために周囲にカメラ屋があるわけもなく、結局、重いカメラをぶら下げていたけれども、何の役にも立たず、同伴者にも残念がられ、われながら唇を噛んだ苦い経験がある。

出発して、すぐにシグネがスティーヴンの発表の内容について、感想を述べ始めた。発表を聞き逃した私は何も言えなかったので、スティーヴンの前回の論文について感想を述べた。私のパソコンの不調を二人とも知っていたし、コンピューター室で点検をして頂いている間に、スティーヴンの発表が終わってしまっていたことは、私の悔いるところであった。

「タイスケは私の前回の論文の内容をそんなによく覚えていてくれたのか。嬉しいなあ」

ハンドルを握りながら、スティーヴンはそんな愛想を言った。シグネの話題は、自分の教える大学での学生の様子を訴えたいという点にあるらしかった。

クーパーを読もうと言うと、

「何でもっと有名な作家の作品を取り上げないのか」

そんな不満をぶちまける学生が目立つのだと言う。

「無理もない話だよね」

私はそう言うと、シグネは反論をした。

「そこが違うのよね。有名か無名かは、作品の価値に関係ないでしょう。有名なものを読むと良い気分になるのは、人が読んだ通りに自分も読んで簡単に納得しているだけのことよ。今時の学生は、自分の頭で色々の作品を読む訓練を欠いているのよね」

「なるほどね。シグネの言う通りだよ」

スティーヴンが相鎚を打った。私はシグネの反論に感動をした。驚いた。まるでどこかの国の学生のことを言われているような気がしたので、私は耳を疑った。

「アメリカの学生は、他人の真似などしたがらないのではないのかと思っていたが、私のこの印象は間違いかな」

　私の質問に、二人は少し間を置いて、すぐに反論を加えた。

「いや、学部の学生にそういう傾向があることは事実だ。だが、大学院の学生となれば全く違うよ。タイスケ、日本でも同様だろう」

「うーむ、突っ込まれたね。その質問はちょっと厄介だよ。自分の頭で作品を読むという訓練を小さい時から受けてきていないので、学部の学生に自分なりの解釈で文学作品を原書で読めと言っても、大分、無理があると思う。残念ながら、それが事実さ。もっとも、大学院の学生となると、日米両国の学生に違いはないと思う」

「原書で読めと言っても、アメリカの学生に原書で読めと言うのと、日本の学生に原書で読めと言うのでは、大分大きな違いがあるじゃあありませんの。アメリカの学生に、日本語の原書で『源氏物語』を読めと言っても、不可能に近いでしょう。それと同じよ」

「なるほど。それもそうだ」

　三人はほとんど同時に笑った。

「タイスケは『源氏物語』を読んであるのだろうな。どんな感じなのかな」

　私は来るべき質問の矢が、いつ放たれるかと内心恐れていた。その矢は今、放たれたと感じた。この質問に多くの日本人はどう対応するだろう。私は『源氏物語』を原典で最初から最後まで読むということを未だできていない。恥ずかしいと思った。顔から火が出る、とはこういう場合である。自分の訓練が不足しているとしか、言い様がない。

「それに答える前にね、君達はシェークスピアの有名な作品は全部読んであるのか」

「それは読んださ。三大悲劇はもちろん……」

と、スティーヴンがハンドルを捌いて、信号の角を周囲の交通事情に注意して左折する際に手間取っていた。日本とは反対なので、大きくハンドルを切ってから、向う側の車線へ入らないといけない。私ならば、反対車線へ飛び込んでしまいそうで恐い気がする。

シグネが気を利かせて言葉を引き取って言った。

「『冬物語』、『リチャード三世』、『お気に召すまま』、『じゃじゃ馬馴らし』などなどね」

「日本の学生でも、英文科の学生ならばそれ位は読んでいるよ。私に関してもそれは言える。でもねえ、それじゃあ、『ベオウルフ』はどうですか、チョーサーの『カンタベリー物語』はどうですか」

私は畳み掛けた。二人は黙った。そこで、私は多少狡《ずる》いと思ったが、言った。

「実は、私も『源氏物語』を読了していないのです。もう少し先へ行ってから、改めて読んでみたいと思う作品だ。日本にあの作品が存在することを誇りに思う。何しろ世界で最も古い小説だからね。途中の『桐壺』、『帚木』、『空蝉』、『夕顔』のところまで読んだ限り、あれは凄い作品だと思うからね」

二人は再び黙った。車を運転しながらの話題に相応しくないと私は思い始めていた。

「スティーヴン、シグネ、話題を変えても良いかな。お二人はわが母国の日本へ行ったことはあるかね」

「私の妻が奈良県というところへ行ったことがあるんだ。私はまだだが」

「シグネはどうなの」

私は聞いてみた。

「一度行きたいと思うわよ」

「ぜひ来て欲しいなあ。ご案内します。今回、この学会が終わってから、私はヒューの家にしばらく逗留させて貰ってね、それからボストンへ行く予定です。ほら、君達もご存知のボストン・カレッジのジム・ウォーレスが私を彼の大学へ呼んでくれたのです。共同研究の予定で、九月末まで、滞在する予定です。今年は私がアメリカへ来た。その代わりに、来年になれば、ジムが家族を連れて、日本を訪問してくれることになっているのさ」

「それは素晴らしいね。結局、今からの滞在だから、タイスケは三ヶ月の滞在になるね」

スティーヴンは助手席に座っている私の方を眺めるために少し顔を横に向けると、にっこり笑って言った。

「アメリカで三ヶ月過ごすというのは、良い経験になるわね」

シグネも後部席から、顔を前に突き出すと、そう言いながら、自分のことを話し始めた。

「私はノルウェーの出身なの。私の母国語は、ですからノルウェー語なのよ」

「えっ、何だって、シグネはノルウェーご出身なのですか。ああ、知らなかったなあ」

私は驚いて言った。スティーヴンも同様に知らなかったようだ。男二人は驚いて黙った。

「ええ、そうなの。インド・ヨーロッパ語族の北ゲルマン、つまりね、別の言葉で言いますとね、ノルド語ってご存知かしら。デンマーク語の親類みたいなボークモールと、もう一つ古来からあるノルウェー語から工夫された新たな言語としてね、新ノルウェー語がありますのよ。私は小さい時だったけれど、そのボークモール語を遣って育ったのよ。驚いたでしょう」

「いつアメリカへ渡って来られたのですか」

私は尋ねた。

「私が小学校時代の半ば頃ね。ですから、英語には苦労しましたよ。日本から来られて、英語と格闘中のタイスケのご苦労が判る気がするわ」

「アメリカは人種の坩堝《るつぼ》だからね」

スティーヴンは大きな声で叫ぶように言った。

「そう言えば、この夏の会議に欠席した、デンマークのヘニングが今のシグネの話を聞いたら喜ぶよ、きっと」

私がそう言うと、すかさず、シグネは言葉を返した。

「ヘニングには話してあるわよ」

「ああ、それでか」

「何がなのよ」

スティーヴンは笑いながら、言った。

「ケミストリー！」

スティーヴンは不思議な笑いを浮かべて、そう叫んだ。

私にもすぐに察しが付いた。日本人が知っているケミストリーは「化学」という意味である。だが、アメリカ人が遣うこの言葉は、「親近感」とか「相性」とかの意味である。二人の間に緊密さが見られる場合、アメリカ人はこの言葉を遣って喜び合う。自分と相手とが、親近感や相性の良さによって、気持の上で相互に親密さを覚える場合に遣う。

シグネはスティーヴンの方へ手を伸ばして、首筋を指で捻《ひね》る真似をしながら、私の方へ振り向くと、その大きな目を見開いて言った。

「そうよ。ヘニングに会うと、不思議と安心するのよね。つい昨日まで、どこかでお会いしていたような気になるの」

やがて、車はオトゥエーゴ湖に到着した。他の四台の車も到着していた。先ずは湖畔にあるクーパー記念館に行き、早目の昼食を摂ることになった。

休憩所の大きなテーブルを囲んで、少しの間待っていると、大きなバスケットとダンボール箱が運ばれてきた。小さな袋に入ったパンと飲み物が配られ、三十数名の参加者は、古い講堂のような建物の中で昼食を食べ始めた。

私と同じテーブルに座ったヒューは、

「タイスケ、学会が終わってから、クーパーズ・タウンの私の家に来る予定だが、その間のタイスケの行動予定はどうなっているのかな」

と、私の顔を眺めながら尋ねた。

「タイスケは、ヒューの家に滞在するのか、それは良い」

それを聞いたウィリアムはにっこりと笑いながら言った。

「ヒュー、私の予定では、毎日、ほらあそこにあるクーパー図書館へ通いたい」

私は今、昼食を摂っている場所から道路を挟んで反対側にある、クーパー図書館のある方角を手で指しながら、応えた。

「あそこへ入っても、オリジナル原稿があるわけではないぞ」

ヒューは断言した。

「クーパーのいた膝元の図書館に、オリジナル原稿がないなどと、考えられない」

私が言うと、ヒューは声を荒立てて言った。

「それは、歴史の流れでそうなっただけだ。オリジナル原稿を読みたいならば、アメリカ中を探すこった」

私は少し困った。当てが外れた気がしたからだ。だが、現地へ来てみなければよく判らないことはしばしばあることだ。私は平気を装った。

「それでも、初版本ならばあるでしょう。今回はそれだけでも良いので、あの図書館を少し探索したいと思います。いつまでの滞在か、結論は出ていませんが」

私の煮え切らない答えに、ヒューは少し苛々《いらいら》しているようであった。

「君だけが自分の予定を知っているのは良くないぞ。私にもっと、詳しく話して聞かせてくれ。エレノーも私も色々と予定があるのだ」

ヒューは興奮している。私を怒っている。そのことは顔に書いてある。

「未だ決まっていないのです。私の発表が終わるまで、待っていて欲しい」

ヒューはそれを聞いた瞬間立ち上がって、向うのテーブルへ移った。こういう時、後を追うと良くない。時間の経過が必要だ。ウィリアムが少し心配そうに、顔を近付けて言った。

「ヒューを怒らすな。君の予定が判らないまでも、もう少し君の考えを相手に伝えた方が良いぞ」

私もそれは感じていた。しかし、実際、クーパー図書館にオリジナルの原稿がないとは、たった今の今、知ったばかりである。ただ、何とかして、クーパーズ・タウンで、有効な過ごし方をしたい。

昼食が済むと、クーパー博物館の見学をした後、クーパー公園まで車で移動をして、そこでヒューはツアー参加者全員を前にして、クーパーに関する年季の入った説明を始めた。

ヒューはクーパーがこの町で作品を書いた当時の様子を手に取るような調子で語るのであった。クライスト・チャーチの中へ全員を誘導した後に、クーパー一族の信仰生活の様子を語り、外へ出ると、一族が葬られている墓苑へと私達を先導した。そしてクーパーが亡くなった後、ここに葬られたと言いながら、クーパー一族の真ん中に置かれてある、クーパーの碑石を指差した。それから妻、娘、息子等の墓石を次々と指し示し、その生年から没年に至るまでの出来事のあらましを語って聞かせるのであった。全く、ヒューは何も見ないで、頭の中に全部入れてある歴史上の出来事を、順番に、堂々とした語り口調で説明するのだった。ヒューを取り巻く多くの聴衆は、その滑らかな説明を楽しむが如き面持ちで、じっと聞き入っているばかりである。

　クーパーズ・タウンへのツアーは、湖畔のレストランでのディナーで終わった。レストランの建物は、正面から見たら日本のどこにでも見られる土産物店にしか見えない。確かに土産物も売っている。そこを通り過ぎて奥へ入ると、店のデッキのような所にテーブルが十程置かれてあり、湖をすぐ前にして、先客の何人かが食事をしていた。ツアー参加者の全員が入ったので、満席に近い状態になった。

　一つのテーブルに五名ずつが座った。私はアメリカのレストランで自分の食べたいものを注文することはできないと、諦め切っていた。ワラジのような厚手の肉料理を前に一度このツアーで味わったことがある。私には到底食べきれない。すぐ横にいたウィリアムに助けて欲しいと言うと、この大男は、私の皿から移した半分以上の肉を、口の周りに肉汁をくっ付けて、いかにも満足そうに、いとも容易に平らげてしまったのを覚えている。

　今回はメニューを仔細に点検してみると、日本の寿司と書かれてあるのを発見した。文句なしに、私はそれを頼んだ。

　料理が配膳されるのを見ると、どの人の注文したものも、例外なく、大きな皿に盛り沢山に山海の珍味が盛られている。貝料理などをあしらったシー・フードの大皿が配膳されるや、見るみるうちにイタリア料理のパスタ、イタリアン・チーズ・パイ等の他に、ロブスター料理等が所狭しとばかりに並べられていった。スティーヴンの前に置かれたのは、私の見たこともない、不思議な料理だった。私は思わず、それは何だと聞いてみた。

「これか。これはね、エッグプラント　シェル　スタッフトゥ　ウィズ　ヴィール　キドゥニーだよ。つまりね、別の言い方をすれば、ナスに牛の腎臓と貝を詰めて焼いたものさ」

私はそれを聞いただけで食欲がなくなったが、平気を装っていた。何しろ、誰もが楽しみにしていた夕食である。旨そうなのは名前だけで、配膳されてみれば、この通りなのだが、欧米人は肉を主食とするのだ。

ところで、私に配膳された料理は、周囲の誰の目にも不思議に映ったに違いない。大きな皿に、日本で見られる小さな寿司が、二つだけ載せられてある。海苔《のり》で巻いて、中にキュウリを細長く刻んで、イクラと玉子焼きとが一緒に入っている。見事にそれだけである。きっと、日本の料理法をよく勉強して帰ってきた板前がこの店にいるに違いない。

「タイスケは、それだけで本当に十分なのか」

スティーヴンが私に尋ねると、ヒューもウィリアムもシグネも一斉に私の顔を見た。

「日本人はこれを沢山食べる時もある。だが、今日の私はこれで、十分なのだ。皆さんの話に耳を傾け、ビールを飲みながら、こいつをゆっくりと味わう食べ方もあるのだ」

呆気に取られるとこういう顔になるものかな、とこちらが可笑しくなってしまう位に、私の前に配膳された小さな食べ物を、周囲の誰もが黙って見詰めた。実際、その日、私の胃袋の中に大したものは入っていなかった筈であるが、暑い陽射しのせいもあってか、私の胃は多くの食べ物を要求していなかった。

〈ああ、日本茶が飲みたいなあ〉

それは私の強い願いであったが、ここでそれを口にしても、何の意味もない。私は黙って、口当たりのやたらに柔らかいバドワイザーの入ったグラスを呷《あお》った。

オトゥエーゴ湖畔は静かに暮れようとしていた。太陽の余光が湖面の波に揺れて、湖上でボートに乗る男女の姿を遠くにぼんやりと浮き立たせている。日本にあるのと同じ桜の木が、波打際で大きな影を落としている。その右隣に、楓《かえで》の大木が幽かに揺れている。静かなこの町に、間もなく夜の帳《とばり》が下りようとしている。

翌日は、シグネが最初に発表し、二人目が私の発表である。シグネは食事の間も、発表のことで色々と気を揉《も》んでいるであろう。だが、傍目《はため》には、さほど気にしているようには見られない。きっと、シグネは場数を踏んでいるので、平気でいられるのかも知れない。

私は、最初の五分間のスピーチだけが、心配の種であった。だが、そのことを口に出すべきではない。私は平気を装うしかなかった。

オニオンタまでの帰途、ヘッドライトの光が暗い道路を強く浮き立たせていた。

「タイスケは、クーパーの作品で『スパイ』を最初に読んだそうだね。ウイリアムが驚いていたよ、本当か」

ハンドルを握りながら、スティーヴンは突然聞いた。噂の伝わり方の早いことは、どこも同じである。

三　学会発表

1. アメリカ人の前でアメリカ批判をす

学会最終日、午前の部で最初の発表者はシグネであった。彼女は抑揚も滑らかに、大きな目で時々会場の聞き手の顔を見上げながら身振り手振りも大胆に語った。クーパーの革脚絆物語の一つ『鹿殺し』を分析する内容であった。主人公ディアスレーヤーの上品な紳士像を強調する発表であった。

確かに、この作品に登場する主人公ディアスレーヤーすなわちナッティ・バンポーは、同伴者のもう一人の白人のハリー・ヘリーという人物と比較したならば、中世の文学に見られる、「アムール・クルトワ」、つまり、宮廷愛を婦人に捧げる主人公にも比肩しうるであろう。シグネの論理の展開は十分に説得力に満ちているように思われた。

シグネの意図はその主人公の倫理性に注目しているようだった。最初にヒューが質問に立った。次にスティーヴンが間の手を入れて立ち上がった。自分の読み方とも一致すると述べつつ、今の発表は的を射た内容である、と惜しみない称賛の言葉を送った。大学院の女子学生は、クーパーが中世の宮廷愛の文学を読んだと思うかと、難しい質問の矢を放った。

シグネは冷静だった。時には笑顔を浮かべて、ヒューの質問に応えた。ハリー・ヘリーを激しく論破するナッティ・バンポーは、本当に紳士であったと思うかというヒューの少し意地悪な質問に、シグネは、不条理な問題に果敢に取組む男こそが、「アムール・クルトワ」(宮廷愛)の精神に則《のっと》るのですわ、と躱《かわ》したので、会場は沸いた。女性群から拍手が起こった程である。ヒューはそれ以上は突っ込まなかった。

中世の宮廷愛に関して質問した大学院の学生に対する応えは、少し違っていた。

「典拠を明らかにすることはできませんけれど、クーパーの作品に登場する人物の描写から判断をするならば、答えは自ずと出てくると思うわ。クーパーが当時第一級の読書家だったということは確かな事実でしたからね」

シグネは自信満々に述べたので、それ以上学生からは反論のしようもなかったのだろう。会場からの盛大な拍手に送られて、シグネは私のすぐ隣の席に座った。

「さあ、次は貴方の番よ」

シグネは私の顔を覗きながら、そう言った。市立図書館で考えを纏めてあったとは言え、成功するとは限らない。会場に詰めた人々の拍手を受けて、私は演壇に立った。

「私は十年前に、初めてこの学会に参加しました折に、ひょんなことで、あるご夫人から激励のお言葉を受けました。そのご夫人とは、今、この一番前に座っておられるヒューの奥様、エレノーでした。エレノーは、この学会で発表をし、新たな学究生活の端緒を開くならばきっと何か良いことがありますよ、と強い調子で私を激励して下さいました。私はそのお言葉に素直に従いたいと、強い決意に燃えて日本へ帰りました。二度目以降、私はこの会議に参加する度に、必ず新たな視点から、クーパー研究を発表すべく努めてきました。

六年前の発表の時、ジェフリー・ウォーカーと知り合いました。ジェフリーは私の発表内容に大きな関心を示して下さいました。ジェフリーは皆様もよくご存知の通り、クーパー研究家として優れた業績のある人です。その人が、私にお声掛けを下さり、私の研究に明確な方向付けを与えて下さいました。この学会で、ジム・ウォーレスとの出会いもありました。

実際、十年前に、エレノーが私に言って下さった言葉――この学会で発表することによって、新たな学究生活が開かれてくる、という言葉が的中したのだと思います。この場をお借りして、エレノーに心から深く感謝を申し上げたいと思います。ヒュー、そのように奥様へ伝えて欲しいと思います。私の発表を始める前に、これをぜひ皆様にお伝えしたかったのです」

私がこれだけのことを述べると、会場にいた人々から熱い拍手が送られた。ヒューは頭を何度も上下に振り、私の顔を見詰めた。ウィリアムが深く頷いた。ジム・デヴリン夫妻は大きな声を上げて、ブラヴォーと微笑を浮かべて、手を振った。若い学生諸君も、にこやかな表情を浮かべて、黙って私を見詰めた。スティーヴンもシグネも首を縦に振った。リチャードは笑みを浮かべて、会場の右端から左端へと移動をし、会場から消えてどこかへ行った。

私はそれから二十五分間、これまでの半生を費やしてきたクーパー文学の特徴を思い浮かべつつ、懸命に話した。最初に、英国の作家、ローレンスの書いた、『アメリカ古典文学の研究』という本の中で、クーパーの『スパイ』、『パイロット』、『ホームワード・バウンド』等を［ホワイト・ノヴェル］と分類をし、他方で『開拓者』、『モヒカン族の最期』、『大平原』、『探検者』、『鹿殺し』等のいわゆる、有名な五シリーズの作品群を［革脚絆物語］と名付けているローレンスのクーパー論に魅せられた経緯を端的に述べた。加えてローレンス文学の魅力の虜《とりこ》になった事実を熱っぽく語った。

次に、私は大学を出るとすぐに高等学校で教え始めた経歴を語り、最初の五年間、ローレンスの読み方に従って、クーパーの作品を次々と読み耽っていた当時の私の生活を語った。そして、クーパーの作品をほとんど全て読み終えようとしていた頃、私はローレンスの読み方に、次第に大きな疑問を抱き始めていた事実を述べ、研究の視点を変えた経緯を報告した。

ローレンスはクーパーの作品群のある一部分を取り上げて、［ホワイト・ノヴェル］と［革脚絆物語］に二大別しているが、その分類の仕方でクーパー文学の全体像を捉えることはできないと、私は考えた。多くのクーパーの旅行記や、『アメリカの民主主義者』、『アメリカの諸観念』、演劇台本等を読むならば、クーパーをさらに別の捉え方で理解する必要がある。社会批評家としてのクーパーの顔も無視できない。

最後に、文学者としてのクーパーは、なすべき重大なことを怠っていたのではないか、と私はアメリカ人を前にして、非常に刺激的なことを述べた。アメリカ人が原住民を大量に虐殺した歴史上の事実がある。クーパーはその歴史上の事件に取材して書いてもいる。それにもかかわらず、クーパーは、不条理なアメリカ人優位の社会を描いている一方で、原住民制圧の実態を一度も批判していないのではないか。原住民同士の小競り合いとして描くだけでなく、なぜもっとアメリカ政府を批判しなかったのか。政治的な外圧の実態を脇に置いて、主人公ナッティ・バンポーが原住民の酋長、チンガチグックと友情で結ばれて、森の奥地を目指す姿には、欺瞞《ぎまん》すら感じられるが、皆様はどうお考えであろうか。

発表前に、私は何度も自分の原稿を読み返し、アメリカ人の前で、アメリカ人が誇りに思うクーパー文学を批判しようとしている自分のことを考えてみた。オブラートに包む言い方をしてみても、私の意図を聴衆に伝えることはできないであろうと、私は独り、部屋で苦しんだ。こんなことを言ったら、ブーイングの嵐に曝されるのではなかろうかと恐れもした。

実は、クーパーその人は、当時、アメリカ人にへつらうような文章を書かなかった。非常に厳しくアメリカ人を批判する文章を書いた。例えば、アメリカに民主主義が根付かないのは、アメリカ人が、その考えをもつことの必要性を痛感しないからだ。他人の財産を犯す考えを抱くアメリカ人は、自分の財産が犯されることを想像できないからだ。アメリカ人は、自分で自分の国を治める諸観念が薄いのだ。従ってアメリカ人はまだ政治的には揺籃期にいることを認識するべきだ。このような調子でクーパーは新聞に何度も自分の考えを書いて載せた。その集大成が、『アメリカの民主主義者』であり、『アメリカの諸観念』であった。

私は発表を終えた。しばらく聴衆の動きを見詰めた。何か質問を受ける時間であった。

ヒューは下を見詰めた。ウィリアムは目を瞑っている。眠っているのではない。私の顔を仰ぎ見るように、私のすぐ前に座って、時々私の目を見詰めていたことからも判る。ジョンも、ランスもじっと私の顔を黙って見詰めている。スティーヴンもシグネも私の顔を見詰めたまま、身動き一つしないで座っている。

ぴんと張りつめた雰囲気が辺りを支配していた。その時、後方に座っていた初参加者の座席周辺から弱い拍手が起こった。次に学生席から拍手が聞こえ、次第に強い拍手に変わった。ヒューもウィリアムもスティーヴンもシグネも強く手を叩いた。やがて会場全体の雰囲気の和らぐ気配が感じられた。

「ご質問はございませんか」

司会者が会場全体の人々を眺め回しながら、質疑応答を締《し》め括《くく》ろうとしていた時、ジム・デヴリンが幹事席から立ち上がった。

「タイスケ、直接発表内容と関係のない質問になるが、いいかね。ぶしつけな質問で恐縮ですが、日本でクーパーの作品を読む人はどれ位いるのか、教えて欲しいのだがね」

これは難しい質問になったと、私は思った。私の答え方一つで、この会場に詰めている人の日本への見方がどうにでも変わってしまうと思われたからだ。正直言って、私はこの質問に応えることはできそうにない。そこで、参考までに、と断った上で、亀井俊介教授の主宰する「アメリカの古典を読む会」の会員数を話してみようと思った。

「うーむ、大分難しい質問を放ってくれましたね。千人いる、一万人いる、と答えたとしても、その数字は何かの調査に基づかない限り、説得力をもつことはできないのですからね。そこで、「アメリカの古典を読む会」の企画が十年程前に立ち上げられたことをお話し致します。実は私は毎年、その読書会に参加しています。その読書会で取り上げた最初の作品が、クーパーの『開拓者』だったのです。ところで、その合宿に参加する人は何人かと言いますと、大体、このクーパー学会の出席者と同じ程なのです。以上ですが、何かご参考になりましたでしょうか」

「なるほど、アメリカの人口は日本の二倍だから、タイスケの出る学会の出席者がこの会議の出席者と同数となると、クーパーは日本での方が二倍読まれている計算になるね」

ジム・デヴリンは皆を煙に巻くようなことを言って、会場を沸かせた。この人のユーモア感覚は、相手への理解と親切心にいつも根差している。

四年前にこの会議に出席した後、オールバニ空港まで、ジム・デヴリンが自家用車で送ってくれたことがある。高速道路を運転しながら、助手席に座るシグネに向かって、ジムは目下、十九世紀の文学研究に関する本を出す予定だ、今年中に出版されると思う、と話していた。シグネの他に、デンマーク出身のヘニングが後部座席の私の右隣に座っていた。空港で別れる前に、私はジムに尋ねた。

「ジム、オニオンタからこの空港までの長い距離をわざわざ私達を送って下さって、ありがとうございました。ところで、ジム、あなたは先程本を書いたと仰ったが、出版されたら、日本の私の家へ送って欲しいのですがね、一冊買わせて頂きたい」

日本へ帰ってから、私は仕事が忙しくなって、ジムと交わした言葉を忘れていた。ところが、年末の頃になって、アメリカから小包が届いた。ジムからの贈り物であった。

「約束通り、私の出したばかりの本をタイスケに贈る。代金を送る必要はない。但し、一つお願いがある。日本の地図を探して送って欲しい。できるだけ大きなものが欲しい」

私はジムが何を考えているのか、知るわけもなかったが、とにかく、わが国の特大の地図を探そうと思い、都内に出掛けた。私は東京駅南口を出ると、八重洲ブックセンターに入った。広げると一メートル半程もある、大きな日本地図を見付けた。それを丁寧に折り畳んで包んでアメリカへ送ると、二週間後、ジムから返事が戻ってきた。

「タイスケ、私は嬉しくも思ったが、大いに驚いたぞ。何しろ、あの地図は日本全体よりも遥かに大きかったからね！」

ジムはいつもそのような意味深いジョークを飛ばす人だった。私をこの十年間、支えてくれた幹事の一人が、このジムだった。会議が開かれる年の六月になると、いつも電子メールを送って、発表の準備は整ったか、オールバニ空港まで迎えに行くから、空港出口で待ち合わせをしよう、と事前の約束をしてくれる人だった。

この度の学会が開催された年に、ジム・デヴリンは六十五歳でニューヨーク州立大学オニオンタ校の教授職を退職することになっていた。クーパー学会の幹事役を退き、リチャードが引き継ぐ予定である。そのジム・デヴリンに対して、長い間の功労を表彰し、協会から、クーパーの時代の風景写真を大きなパネル仕立てにしたものが贈られた。

2. 理想と現実の狭間で

五日間に亘って行われた学会が幕を閉じた。この年の夏に発表された論文は私のも含めて十七本に及んだ。

　会議が終わると、会員は三々五々散り始めた。会場は歯の抜けたように、人影が少なくなっていった。参加者が一人、又二人と消えて行く。この時に一抹の寂寥感《せきりょうかん》を覚えるのは、私だけではないだろう。周囲を見回してみれば、あちらでもこちらでも、男女を問わず、体を強く抱き締め合って、別れを惜しんでいる。別れの時の光景に、国籍はないものだと痛感する。

　スティーヴンとシグネが私の傍へ来た。シグネは長い髪を垂らし、五十歳を越した、中年の婦人特有の皺《しわ》を顔にも首筋にも露にしてゆっくり歩いてくる。

「今回はヘニングが現れなかったが、タイスケは二年後に来れるのかな」

　スティーヴンは心配そうに言った。

「仕事上の責任が増えるので、ひょっとすると、無理かも知れない。けれども、この地へまた来るつもりで研究を続ける気持に変わりはないよ」

「今回の貴方の発表に、きっと誰もが賛成したと思うわよ。アメリカ人はなかなかあそこまで言えない情況があるのね。この次の貴方の発表も楽しみにしているわ」

　シグネが言うと、スティーヴンが言葉を重ねた。

「そうだ、タイスケの言葉を俺達アメリカ人が言う場面を考えたら、一体誰が言えると思う。誰も言えはしないよ。この会場にも、俺達が言うと、問題発言と受け取る人々が必ずいる。肌の色の違いによる差別は、法律で厳しく禁止されているが、人の心の中には、複雑な思いがあるものだからね。タイスケの今回の発表で、俺は色々のことを考えさせられた」

「あそこまで言うべきか、表面的な言葉で終始して素通りするべきか、随分と迷ったが、遠回りに言っても意味がないし、触れないまま発表を終えるのは、私の信念を曲げてしまうことになるから、結局、言ってしまった」

「あれで良かったのよ」

「タイスケが気にする必要はなかったと思う。ああ、もっと長く話していたいが、シグネをオールバニ空港まで送る時間が迫っている。残念だが、さあ、お別れだ」

スティーヴンは腕時計を一瞬、見た。会場を一刻も早く去らねばならない時が来たのだ。

「ぜひまた、オニオンタの丘へ戻って来てね」

シグネが言った後、スティーヴンが先ず私の背中に両手を回して、強く抱き締めた。次にシグネが同じように、私を抱き締めた。二人とも、その別れの挨拶の短い間、私に言ったことは共通していた。

「会えて楽しかった。二年後に、又会いましょう」

実際、この十年間、皆、そう言って別れては再会を繰り返してきた。だが、誰もがその言葉を実行に移してきたわけではない。一度参加して以後、二度目からは姿を現さなくなった人も多い。生活上の様々な変化が手伝っているからであろう。

スティーヴンとシグネの姿が部屋から消えた頃、ウィリアムが頃合を見て、私の横に立った。顔幅の広い、六十代後半の紳士は、笑顔を浮かべ、鬚を震わせながら口を開いた。

「タイスケの発表を聞いていて、アメリカ人の心に痛打の一撃を打ち込まれたと思ったね。確かにクーパーの筆の先は、大事なところで鈍っている。『モヒカン族の最期』では原住民同士の闘争を描いているが、アメリカ人がインディアンを大量虐殺した事実を真正面から描いてはいない。タイスケの言う通りだろう。だがね、タイスケ、よく私の言うことに耳を傾けてくれ。アメリカ人は、原住民を虐殺した歴史上の事実を覚えている。忘れているわけではない。傷付いているのだ。そのことを、タイスケにも知っておいて欲しい。忘れていると思ってくれるな」

だが、私は思った。作家として筆を執る以上、クーパーは市井の人ではあり得ない。筆を握っている限り、作家は社会的発言をしているのだ。

歴史的事実とその背後にある人間の心の中の真実を、クーパーはその作品の中で描くべきであったのではないか。その事実を引き起こした、歴史的な根拠はどこにあるのか、そこからどんな教訓が引き出されるのかを、クーパーは真正面から描くべきであった。自分の果たすべき義務を脇に置いている限り、クーパーは作家であることを止めていた、としか言いようがないのだ。

「ウィリアム、貴方の仰る気持はよく理解できます。貴方のアメリカ人の良心に関するご発言も間違っていないと思います。私が言いたかったことは、クーパー文学が後世、さらに世の人々に読まれるためには、作家の良心を些かでも忘れるべきではなかったということです。私のクーパー批判は、クーパーの作品を愛している証拠だと思って欲しい」

その瞬間、ウィリアムは私の肩に両手を回し、非常に強い力で私を抱き締めた。私はその強い力に抗することができなかった。やや大袈裟に言うならば、窒息するのではないかと、ちょっと感じた程である。私を両手で強くぐっと抱きながら、ウィリアムは言った。

「タイスケ、君の言うことは判った。それで良いんだ、うん、うん」

この時、私はウィリアムに向かって、非常に個人的なことを言おうと思った。

「戦争で傷付いた男の話をしても良いですか」

私はウィリアムの顔を見詰めて言った。

「えっ、何だって。ああ、良いとも。話してくれ」

会場に残っている人はもう数える程しかいなかった。

「日本が前の戦争でアメリカと戦って負けた時のことです。日本は当時、満州国という名の傀儡《かいらい》の統治国を創って、そこで大きな鉄道会社を経営していた。いわゆる満州鉄路局です。そこで働いていた多くの日本人に混じって、一人の平凡な文官がいた。経理を担当していた男です。昭和二十年だから西暦で言うと一九四五年のことだったが、ソ連軍の大規模な空襲爆撃があった。

男の勤務していた場所から近距離の駅が、空爆で破壊されたという臨時ニュースが入ったらしい。救助活動の出動命令が出されて、男は生き埋めになっている人々の救助作業にあたった。ソ連軍の空からの攻撃は激しく続いたらしい。突然駅ビルが崩落し、無数のレンガが男の上に落ちてきた。男は生きるか死ぬかの瀬戸際に立たされた。

やがて病院へ運ばれ、一命は取り留めたものの、腰から下は歩行の機能を完全に失った。八月十五日に敗戦の日を迎え、男は結婚してまだ二年と経ってない内に、身体障害者として、妻と当時二歳になる息子と共に日本へ帰った。

それから、苦しい闘病生活と一家を巻き込んだ生活苦という困難が続いたが、終戦から十四年後の八月十七日に男は息を引き取った。男が死ぬ前に言った言葉で、大事な言葉が残っている。

『この俺は戦争でこんな体になって、生涯、働けない状態になった。妻も子も養えない、実に情けない状態である。だが、俺はアメリカの兵士を憎みはしない。まして一般のアメリカ人を憎しみの対象として考えたことは一度もない。憎いのは、あの戦争指導者なのだ』

それが男が息子に伝えた最後の言葉だった。その言葉の意味を長い間、息子は理解できなかった。やがて、その息子は死んだ男の言った意味が判る年齢に達した。闘いに従事する当事者よりも、その闘いを生む社会情勢や社会秩序そのものの内に責任の所在が求められる。その根っこの部分をしっかり見詰め、誤らせないように、市民社会が正視していく必要がある。筆を握る人は、そこをしっかり掴んで、世の人々に訴え、社会や統治者に反省を迫る責任があるのではないか。

ところで、私が語ってきたその死んだ男の息子のことだが、その息子は、今、こうしてウィリアムの前で、アメリカ人に親愛の情を抱いて、その父親の言葉を正確に伝えている」

私はこれだけのことを、語り終えた。ウィリアムは、黙って私を再び、強く抱き締めた。

3. 静かな時

学会が終わって、私はヒューの家に五日間程滞在させて頂くことになっていた。ヒューの車が玄関先に到着すると、中からエレノーが迎えに出た。眼鏡を掛け、満面に微笑を浮かべている。初めて会った時のエレノーよりも、やや背丈が低く見えた。

十年前に初めて会って以来、数回は発表会場で会った。二年振りだった。

「ようこそおいで下さいました。さあ、中へお入りなさい」

家の中へ迎え入れると、エレノーは私を抱き、背中へ手を回し、私を両手でポンポンと叩いて挨拶を終えた。

木造三階建の大きな古い家である。私はベランダへ出ても良いかと尋ねた。

「もちろんですこと。きっと、野生の生き物がたくさん、タイスケを迎えてくれるわ」

私がベランダへ出ると、床がギシギシ唸りを上げた。目の前に広がるオトゥエーゴ湖の湖面にさざ波が立っている。湖面を渡るカモメや、灰褐色のカラスによく似た鳥が輪を描いて飛ぶ姿が眼下に見える。

ベランダのすぐ下まで、親子らしきリスが数匹坂を上ってくる。エレノーが大きな袋から餌を手シャベルに入れて撒いてやると、リスは立って両手で皮を剥《む》きながら、口に入れて食べる。極彩色の野鳥が飛んでくる。日本では見たことのない鳥だ。エレノーが鳥の名を教えてくれた。カーディナルだという。湖水から百メートル程の潅木の中に、無数の生き物が棲んでいるらしい。ヒューの家は、その丘の上に建っている。

ベランダにビニール張りの椅子が三脚据えてある。私はヒューとエレノーと並んで、しばらく夕刻の湖面を眺めた。この老夫妻とこうしてゆっくり話をしたことはこれまで一度もなかった。

「ヒューは、大使として海外勤務が長かったと伺いましたが、日本へは」

「飛行機の乗り継ぎで、羽田空港に降り立ったのみで、街中を歩いたことはないんだ」

ヒューは椅子に体を伸ばし、両手を頭の後ろへ回して、足を組み、体を前後に揺すりながら応えた。

「タイスケ、日本はどんなところなの」

エレノーは興味深そうな表情を浮かべて尋ねた。

「日本は仏教国です。あなたはヒューのお仕事で長い間、アフリカにおられた後、タイに住まわれたそうですね。仏教の国と言いますと、大体は判るでしょう」

「ええ、想像はできますよ。でも、日本とタイとでは随分と違いますでしょう」

「違いますね。建物は日本の方が簡素だと思います。色彩の使い方がまるで違うでしょう。一方で、日本庭園の造りは、非常に仏教的かつ哲学的空間の演出があると思います」

「まあ、そうなの。一度、行ってみたいわね」

「ええ、是非一度、日本へいらして下さい。私がご案内致します。ヒュー、どうです、実現の可能性を探ってみませんか」

「まあ、その内にね。タイスケもいることだし、いつかはきっと、行くよ」

「つまり、数年の間に日本訪問が実現するということは難しいということですか」

「色々と予定があってね」

「ヒューは、新聞のコラムを担当しているので、それに縛られているのよ」

「どんな新聞ですか」

私は興味を覚えて尋ねた。

「じゃあ、そろそろ空も暗くなってきたので、家の中へ入ろうか。中に新聞があるよ」

応接間は日本の畳の部屋に比較すると、二十畳程の正方形に近い空間である。その部屋の奥の向こう側に、別の同様の部屋がある。廊下を挟んでさらに大きな部屋が二つ向かい合っている。この調子で三階まで部屋が造られているとしたら、老夫婦二人の生活空間としては広過ぎるのではないかと余計な心配をしてしまう。だが、実はどの部屋も本の倉庫代わりになっている。全ての部屋は非常に大きいにもかかわらず、広い空間のほとんどが本で埋め尽くされているのである。余りに多過ぎる本を整理のしようもないらしく、本の洪水に手を焼いて、もう何年も前に整理することを諦めてしまった、という感じである。部屋を歩いてみると、本と本の間が通り道になっている。間違って指一本でも触れると、本が崩れ落ちるに違いない。どの部屋も本の山で埋まっている。

東京の神田の古書店を回った記憶が甦ってきた。床から天井まで作り付けの書棚に本を並べ、それでも収納し切れないで、床の上に直置きで堆《うずたか》く積んであった光景が浮かんだ。

「これはお土産に私が東京のデパートから買ってきたものです」

私は二人の前で、日本の漆塗りの箸二膳、風呂敷一枚、大和絵を描いた扇子二本を差し出した。

「まあ、扇子はこの前も頂いたわ。日本のお箸は、私も気に入っているので、時々使います。まあ、綺麗な風呂敷ですことね」

エレノーは大きな関心を示したが、ヒューはこういう物に余り深い関心を示そうとしない人らしい。

「なかなか良いものを持ってきてくれてありがとう」

そう言うと、ヒューは土産物に一瞥《いちべつ》を与えた後、地元の新聞を取り出した。

「タイスケ、ここに私の記事が載っている」

そうだった。日本からの贈り物よりも、ヒューの新聞記事を読むために、ベランダから部屋の中へ戻ったことを私は思い出した。

「ちょっと読ませて欲しい。私が声を出して読むから、ヒューもエレノーも聞いていてくれませんか」

私の読みは当たった。私がヒューの書いた新聞記事を声を出して読み始めたので、ヒューもエレノーも真剣に聞き入った。自分の書いたものが、他人に声を出して読み上げられるのだから、悪い気はしない筈である。エレノーは、時々首を縦に振りながら、私の読み上げる新聞記事の活字を目で追った。ヒューは目を瞑って聞き入っているが、途中で自分の書いた論旨に感心するらしく、急に大きな声を上げて笑うと、首を大きく縦に振って、また再び目を瞑るのであった。

ヒューは恐ろしく集中的に自分の意識を常に自分に向ける男である。他人に何か質問をするということは滅多にしない。すぐ横にいる私に向かって、家族は元気か、子供は何人いるのか、日本の生活はどうか等の質問をするのは専《もっぱ》らエレノーである。

ヒューは私に一切、質問の矢を放とうとしない。オニオンタでの学会の期間中は、私のスケジュールが知りたくて苛々していたが、それも畢竟《ひっきょう》、ヒュー自身の行動計画と深く関わっていた。つまり自分自身の予定を立てる必要があったのである。私の予定が判ると、ヒューは安心し切ったようだった。

「タイスケ、食事を終えたら、三人で一緒にクーパーの『道を切り開く者』の映画を見よう」

話が決まると、食事の支度の時間となった。私はしばらく動静を見守った。最初にヒューがキッチンに入った。エレノーは私とお喋りを止めようとする気配がない。キッチンでヒューがぶつぶつ何かを点検しながら、水を入れたり、オーブンのスイッチを入れたり、皿を料理台の上に並べる音が聞こえた。

エレノーとの会話が途切れた短い時間に、私はキッチンへ移動して、ヒューに言った。

「私に何かできることはないですか」

「何もない。座って待っているだけで良い」

至って簡単な応えであった。エレノーは全く立とうとしない。それで思った。この家では、旦那がキッチンに立って、奥様は食べる役か、と。ところが、朝食時の光景を見ていると、ヒューとエレノーの二人がキッチンで働いている。翌日の夕食時を観察していると、エレノーが中心で、ヒューが手伝う感じで、二人が働いている。客の私が手伝おうとすると、皿を運んでくれ、等と言うのみで、客は専ら座って待つことになる。

ヒューは一貫してキッチンの主人である。奥様は時々、旦那に食事を作って貰ったり、逆に自分が主役になる場合もある。ウィリアムの所では、女性が専らキッチンで働いていた。アメリカでも、家庭によって様々である。

先ず、野菜の盛り合わせが配膳された。三人の前にヒューが日本の箸を置いた。客に対する思い遣りであろう。次に、パンとジャム、バターがテーブルの真ん中へ置かれた。牛乳を飲むかと問うから、温めて欲しいと注文した。私の前に、ホット・ミルクが入ったカップが置かれた。

「さあ、これでディナーの全てが揃った。食べよう」

ヒューが言ったので、私は日本ではこうする、と言いながら、両手を合わせて、

「いただきます」

そう言った。エレノーは合掌して、お祈りの言葉を述べ始めた。いきなりパンを食べようとしたヒューは手を休め、下を向いて黙想をしているようである。エレノーは熱心なクリスチャンだが、ヒューは宗教的な考え方が冷めているようだった。

食事が済むと、ヒューは早速ビデオを見るといって、テレビのスイッチを入れた。画面をビデオに切り替え、クーパーの作品を見た。見ている間中、ヒューは何かメモを取り続けた。その熱心な態度に、私は驚いた。九十分後に見終えた時、ヒューは言った。

「マイケル・マン監督の『モヒカン族の最期』よりも数段良かった」

そこで私は応じた。

「あの映画はクーパー原作の、一九九一年製作ですが、物語を原作と随分違うものにして、ラブストーリーにしてしまっています。クーパーの意図を全く無視していると思いませんか」

「そうだ。あの『モヒカン族の最期』は、原作とは大きく離れた作品だ。あれは駄作だよ」

ヒューの意見は私と同じであった。

翌朝、私はピアノのメロディで目覚めた。まだ午前七時だったので、私は階下へ降りて行くべきではないと考えた。起き上がってすぐ脇の机の前に座って、ラジオのスイッチを回した。素晴らしいジャズ音楽が聞こえてきた。私は聞き惚れ、しばらく呆然《ぼうぜん》としていた。

窓からオトゥエーゴ湖を眺めると、朝靄の向う側に湖面に湛《たた》える水が静かに波立っているのが見える。湖面からヒューの家に向かう坂道を、野鴨親子が十羽程縦一列に並んで、行儀良くこちらへ上ってくるところだった。エレノーが早朝に餌を撒いておくのだろう。それを求めて、野生の生き物は上ってくるのだ。

前の晩、休む前に、ヒューが言っていた。

「明朝早く、タイスケはエレノーのピアノの音で目が覚めるだろう。午前中、エレノーは教会で、多くの人々を前にパイプオルガンの演奏をする。タイスケも教会へ行きますかな」

「それは素晴らしい。もちろん、そうさせて頂きましょう。エレノー、貴女は素敵な舞台を踏むのですね。ご成功を祈ります」

八時頃、下からヒューが大声で私を呼ぶのが聞こえた。

「タイスケ、起きたか！」

「起きています。今下へ降りて参りますから」

三階の寝室から階下へ降りて行くと、居間の隣の部屋で、エレノーは夢中になってピアノの練習をしている。私は邪魔をしないように、ピアノの脇を素通りして居間へ入った。

ヒューが朝食の準備をすっかり整え、こう言った。

「じゃあ、今朝はわれわれ二人だけで朝食を摂るとしますかな」

見ると、ヒューは私のために、箸を揃え、野菜の盛り合わせを作り、パンにバター、それに温かい牛乳をカップに入れて、朝食を整えてくれてある。

「ヒュー、ありがとう。それではいただきます」

私はそう言って、手を合わせてから、食べ始めた。ヒューは信仰心を心の中に秘めているのであろう。だが、決して祈りの言葉を口に出そうとせず、いきなり食べ始めるのだった。

私達が食べている間に、いつしかピアノの音は鳴り止んでいた。隣の部屋で、楽譜を仕舞う音が聞こえ、エレノーが居間に現れた。皺の寄った老婦人の顔は、晴れ舞台に立つ前の興奮で輝いている。

エレノーはキッチンへ入って、小さなパン一切れに、オレンジ・ジュースをコップに入れて、持ってきた。

「今日は私興奮しているのだわ。大勢の人々が来るのよ」

エレノーは微笑を浮かべて、そう言った。

「エレノー、大丈夫ですよ。今朝のあの力強くて、美しい鍵盤の音色を聞く限り、貴女の演奏はきっと、多くの人々の心に響きますよ」

私はそう言った。ヒューはこういう時、何も言わない。素知らぬ風で、新聞を読んでいる。パン一切れを食べ終わると、エレノーはヒューと二言三言を交わすのみで、そそくさと教会へ向かった。歩いて行く方が気持が落着くと言って、徒歩で教会へ向かった。

「君の演奏が始まる頃に、タイスケを連れて行くからね」

玄関先から出るエレノーに向かって、ヒューは大きな声で怒鳴るように言った。二人だけの時も恐らく今と同様の手短な会話をしているのだろう。

その教会はクーパーズ・タウンの繁華街から南へ半キロメートル程離れた所に建っていた。エピスコーパル派の大きな教会である。

日曜日の朝から多くの人々が出掛けてきている。中へ入ると、ヒューは横に立つ私を手短に紹介した。黒のマントを着た神父だった。この教会の神父だという。

「日本から来たスズキさんです。私達の学会で発表するためにやって来た。会議が終わったので、私達のところでしばらく休暇をとって、これからボストンへ研究に行く予定です」

私は何も言う必要はなかった。神父と握手をすると、中へ入るようにと、丁寧に案内を受けた。中へ入ると、子供の姿が多かった。父親や母親に連れられて、会堂の一番前の席に座っている。周囲をざっと見渡すと、町の人々が沢山詰め掛けている。多くの人は普段着で、とてもゆったりした気分でこれから始まるお祈りの時間を待っているようだった。

エレノーは、非常に高い所に座っていた。パイプオルガンが真正面の高い所に据えられている。エレノーはその前の椅子に、かしこまって座っている。背中がちょっと見えるだけだ。

やがて、先程入口で私に声を掛けてくれた神父の言葉が聞こえた。

「これからここに集まった皆様とご一緒にイエス・キリストの御言葉に耳を傾けて頂きたいと思います」

そう言って、神父は人が行うべき大切なことは、人を愛すること、人がしてはならないことは、神を決して疑ってはならないこと、人の物を盗むなかれ、人の妻を羨むなかれ、姦淫するなかれ等をはじめとする、十ほどの禁止事項を並べた。その声は低音だが、よく響く。

一番前に座っている子供達にその意味は判らないらしく、子供の頭は始終、動く。隣の子供を手で押したり、叩いたりして落着く様子がない。子供なのだから、それは無理もない。

神父の説教が終わると、いきなり、エレノーの体が前後に揺れ出した。それと同時に、教会の内部にパイプオルガンの音が力強く響き渡った。ステンドグラスを見上げると、緑と黄色と赤を主調とする極彩色の絵が、太陽の強い光を受けて、会堂の内側に浮き立って見える。十二人の聖歌隊の合唱が始まった。パイプオルガンの音と、合唱の声とが一体となって耳に響いてくる。男女の歌声とエレノーの弾くパイプオルガンの音が溶け合った。

エレノーの演奏の音色は力強かった。あの細い体のどこからあれ程のエネルギーが出てくるのか、私には判らなかった。指一本の動きにも間違いはなく、完璧な音色に、会衆の誰もが息を呑んで聞き入っている様子である。私は優しい一方のエレノーがこの上もなくエネルギッシュな婦人に思え、不思議の感に囚われていた。

隣を見ると、ヒューは目を瞑って聞き入っている。会衆は身じろぎもしないで聞いているる。ただ一人、この私のみは時々注意深く辺りを見回したり、目をエレノーの方へ向けたりと、他所目にも落着かない男と映ったかも知れない。

音楽が鳴り止むと、神父は、会衆の方に顔を上げ、番号を言ってくれと要求した。私には何のことか最初は理解できなかった。右から左から、真ん中から、前から後ろから、多くの人々が次々と手を上げ、詩の番号を大きな声で叫んで神父に伝えるのであった。

五つ位の番号を神父がエレノーに伝えると、再びパイプオルガンの音が響いてきた。会衆は立ち上がった。最初に要求した人の詩の番号を神父が言うと、それは賛美歌集のページの番号と一致しているのであった。そのページを開くと、今、エレノーが演奏している曲と同じ歌詞と音符が目で確認できるのである。

今や神父の指揮のもと、会堂の全ての人々が、酔い心地に大きな口を開けて、賛美歌を合唱している。ヒューは少し声の出し方が不器用で、裏声になったり、高低を適当に変えたりと、忙しそうに歌った。私は聞き覚えのあるメロディーに共感し、酔い心地で周囲の声に聞き入り、初めて歌う歌に声を合わせることに手こずり、到底、まともに歌えるものではないと諦めた。恐らく、ヒューも私を何とぶきっちょに歌う男かと、呆れ返っていたと思う。

次に、全員が座った後、一番前の席に立っていた少年達は神父に何か指示を受けた後、エレノーの最後の演奏に合わせて、少年達だけで声を揃えて歌い始めた。私はその時になって、初めて少年達の役割が理解できた。

少年特有の声には張りがあり、その歌声は透明で緊張感に満ちていた。その高い音程は見事に訓練されていて、先程まで落着かなかった腕白の子供が一転して素晴らしい合唱隊員に早変わりしているのだ。神父は笑みを浮かべて、ますます満足そうに両手を大きく振り回し、体でリズムを取っている。透き通った少年達の歌声は建物の四周に当たって響いてくる。それは美しく、輝かしく、誰の心にも喜びを与える、正に天上の声であった。

あっという間に歌は終わった。どの人の心も何かに満たされたように穏やかで、遠くの何かに憧れるような気分に浸っている雰囲気なのである。

再び、神父の説教が始まった。「汝、姦淫することなかれ」の言葉で全ての予定は終了した。アメリカの教会で、私は初めての経験であったが、地元の人々の信仰生活を垣間見た。

会衆は次々と外へと出始めた。しばらくすると、エレノーが一番前の右側の扉からこちらへ向かって出てきた。その顔は何か重要な役割をなし終えた時に誰もが浮かべる、晴れやかで美しい顔だった。

「エレノー、私はすっかり貴女の演奏に感動しました。素晴らしい演奏でしたよ」

私はそう言って、エレノーを抱き締めた。

「そうなの、ああ、良かった、良かった」

ヒューは何も言わずに、黙って私の横に立っていた。

エレノーの周りに人々が集まり始めていた。私と同様に、演奏に感動したことを伝え、互いに抱き合って喜びを伝えている。エレノーは普段着のままであることを、この時になって私は気付いた。

会場の人々から私は日本からですか、と尋ねられた。私が周囲に合わせて歌っている姿をずっと見ていたらしい。それで私を仲間のように思えたと述べ、日曜日にわざわざ私達とご一緒してくれたことを光栄に思うなどと、交互に私の前に一歩進んで伝えようとする人々がいたので私は驚いた。

その人々の名前は一々覚え切れなかったが、私の肩を交互に抱いて、それぞれの思いを私に伝えようとするのだった。その中には、つい前日に、ヒューと散歩中に会った人もいた。

ヒューは私に車に乗るように言うと、エレノーを待った。

「エレノーの演奏の成功を祝して、昼食を私にご馳走させて欲しい」

私はそう申し出た。ヒューはすぐに返事をした。

「それは嬉しい。エレノーも喜ぶだろう」

クーパー記念館横に付属する、豪華なレストランの玄関先でヒューは車を停めた。エレノーは演奏を終えた後の清々しい気分をいつまでも忘れられないでいるかのように、レストランのメニューに見入っていた。

4. クーパー図書館で

私はクーパーズ・タウンでの過ごし方について、ヒューに伝えた。

クーパー図書館に行って、調査をしたい、と私は日本にいる時から熱い思いを抱いていた。そこへ行けば、きっとクーパーのオリジナル原稿をこの目で見ることができると思ったからである。

「あの図書館には何もないのだ。あそこへ行っても、無駄だぞ」

ヒューの言葉は、私の期待を完全に打ち砕いた。しかし、百歩譲って、クーパーのオリジナル原稿がなくとも、クーパー関係書を参考にすること位はできるだろう。

クーパー図書館という名の付く図書館である。何かクーパーに縁のある書物がない筈はないだろう。それらを自分の目で確かめたい。その気持があったので、私はクーパーズ・タウンへ来て、クーパー図書館へ入らないままにこの土地を去ることだけはしたくはなかった。

「クーパーのオリジナル原稿はないかも知れませんが、何かあの時代の他の本でも探して、読んでみたい気がするものですから」

ヒューは、顎を突き出すようにして応じて言った。

「ううむ。それも良かろう。よし、それではタイスケを図書館まで車で送ってやるよ。何時までであそこにいるつもりだね。昼食は、この間、クーパー学会の皆さんをご案内した建物の横にレストランがあるから、そこで済ませると良いね」

ヒューはぶっきらぼうであるが、人には親切な男なのだ。町に公共の交通機関がないことを知っているので、図書館までの送り迎えをしてくれるとの申し出である。

「ありがとうございます。お言葉に甘えて、これからすぐに出掛け、閉館時間まで図書館にいるつもりです」

「すると、午後五時まであそこに籠っているつもりかね。よし、すぐに出掛けるとしよう」

ヒューはさっそく車のキーをテーブルの上から鷲掴《わしづか》みにすると、エレノーに出掛けてくると言って、外へ向かった。私はエレノーに挨拶を済ませ、リュックサックを肩に掛けて、ヒューの後を追った。

ヒューの運転で、町の一番の繁華街にある野球殿堂記念ミュージアムの前を通ると、人の姿が一挙に増えた。

「ヒュー、この土地の、ほらあそこに見える、ミュージアム裏の球場で、野球が史上初めて始まったと言われているが、本当ですか」

「そんなことを、この土地の人々は言いたいのさ。ひょっとしたら、そうかも知れないが、別の場所で、ここそが野球の始まった所なり、と名乗り出る人がいても不思議はないさ」

「でも、あのミュージアムへ私も二年前に入ったことがありますが、そんな説明がされていたのを、クーパー学会の四、五名の人々と一緒に、聞いていますよ」

「そのように説明されていることは知っている。だが、そういうことは話半分に聞いておいた方が無難だぞ」

縦長の町を北へ向かった。十分も行かない内に、クーパー図書館前へ着いた。ヒューが入ると、図書館員の誰もがヒューのことを知っている気配である。ヒューは受付にいた主任図書館員の男性に私を紹介した。

「日本から来たスズキさんです。クーパー学会でクーパーの発表をした人です。学会が終わって、これからボストンへ向かって、研究生活をする予定なのだが、その前に、ここでクーパーの資料を調べたいと申し出ている。便宜を図ってやって欲しいのだが」

それだけ言うと、ヒューは私の顔をちょっと見て、午後五時に迎えにくると言い、図書館から出ていった。

男性は五十代の半ば頃の、青い目をした、少し背の低めの紳士だ。ゆっくりとした英語を話す人だったが、その英語は流麗そのもので、綺麗な発音に私はうっとりと聞き入った。私への応対は頗《すこぶ》る丁重で、心情溢れんばかりの親切さに、私は呆気にとられた。

「クーパーの本をお探しでいらっしゃるとのことですが、どう致しましょうか」

私は自分の調査の目的を述べ、クーパーのオリジナル原稿があれば良いと思ってここへ来た。しかし、それはないとのヒューの説明である。そこで初版本はないのだろうか。加えて初版本が出て数年後に出版された、同一作品の複数の版の現物を見せて欲しいと申し出た。

「作品名を教えて下さいませんか」

もっともな質問である。

「それでは、紙一枚と、鉛筆を貸して頂けませんか」

クーパーのナッティ・バンポー・シリーズ、つまり〔革脚絆物語〕の五つの作品、それに『スパイ』、『アメリカの諸観念』、『アメリカの民主主義者』、〔ホワイト・ノベル〕とローレンスが名付けた作品の内、『ホームワード・バウンド』等の作品名を書いた紙を主任に手渡した。

「判りました。それではあちらのテーブルでお待ち下さい。少し時間が掛かると思いますので」

案内された一階の読書室の真ん中のテーブルの前に座って、窓の外を眺めると、オトゥエーゴ湖の湖面にさざ波が立っているのが見える。真っ白の客船が航跡を残して北へ向かって進んでいる。しばらくして、主任が戻ってきた。

「ええとですね、一般の方の立ち入りは禁止されていますが、貴方はヒューのご紹介で来られた方ですから、私の後について来て下さい。良いものをお見せ致しましょう」

エレベーターに乗り、三階へ上った。書庫であった。主任は私を導いて、一番隅の書棚へ案内した。

クーパーの初版本のみが、ずらりと並んでいる。一八〇〇年代の出版本が、そのままの形で残されているものもある。崩れが酷くなったため、表紙のみを製本し直したものもある。ともかく、秘蔵されていたクーパーの初版本の山が、私の目の前にずらり並べられたのである。

「これらの本を私が手に取って、調査させて頂けるのでしょうか」

私は恐るおそる尋ねた。

「もちろん結構です。お好きな本を、お好きなだけ選んで、このテーブルの上に置いて下さい。それを私がワゴンに乗せて、階下の閲覧室までお運び致しますから」

私は宝の山を前にして、一人、興奮した。本を選び終えると階下へエレーベータで下がった。自分の荷物を置いたテーブルで三十分程待っていると、その広い図書室全体に、ワゴンの轢《きし》む音が響いた。主任が晴れやかな顔をして、ワゴンを押してきた。主任は私の顔を見て、にっこり笑いながら言った。

「さあ、お好きな本をお好きな時間、ここでご自由にご閲覧下さい。メモ用紙が必要であれば、言って下さい。筆記用具もご用意致しますから」

私は感激した。三段組のスチール製のワゴンに、クーパーの初版本と比較的に古い年代に出版されたものと、最新のクーパー全集とが各々の作品毎に纏められて、運ばれてきたのである。

「ありがとうございます。メモ用紙と筆記用具は用意してきておりますので、結構です。とにかく、ご親切を感謝致します。それでは、これから、ヒューが迎えに来られる午後五時まで、こちらで調査をさせて頂きます。ところで、ヒューはよくこちらへ来られますか」

「はい。あの方はこの町の著名人です。この図書館も、あの方のお陰を多く被っております。ヒューのご紹介されたスズキさんですから、この図書館と致しましては大歓迎を致します。何かこちらでご用意できるものがあれば、何なりと仰って下さい」

ヒューの隠然《いんぜん》たる勢力はここでも発揮されている、と私は舌を巻いた。

町を歩けば多くの人がヒューに挨拶をし、ヒューの一言にも注意を怠らない風であることを私は何度も見ている。クーパーズ・タウンで町の振興を図るために、そこに住む多くの芸術家が作った作品展示会が開かれたことがある。私はヒューとエレノーに連れて行って貰った。町の中央に位置する大きな立派な建物に入ると、そこに受付があり、ヒューは多くの住民の挨拶を受けていた。そして私の方を振り返り、紹介をしてくれた。

「日本から来たスズキさんです。クーパー学会で発表した後、今、私の所に泊まって、この町の良さを見て貰っているのさ」

そう言うと、土地の人々は、私の方へ寄ってきて握手を求め、先方の名前を言い、宜しくと言っては順にハッグするのであった。階上の広い展示場へ行くと、絵画、彫刻、写真、焼き物等が綺麗に並べられ、作家の名前や略歴、取り引き額等がパネルの下の小さな白い用紙に書かれてある。

同様の催し物は別の日にも別の会場で行われ、その場所へヒューはエレノーと私を連れて、意気揚々と出掛けて行くのであった。どの会場へ入っても先の日と同様に、ヒューの顔は広く知られている。ヒューが入っていくと、周囲の人々は自然にヒューを取り巻く格好になる。そして必ずヒューは言うのだった。

「こちらは日本から来たスズキさんで、……」

新聞に定期的に記事を書いていることも、ヒューが町で有名になっている重要な要素の一つかも知れない。

だが、面白いことが別にある。それは、ヒュー本人は、決して自分の自慢をしたり、周囲の身近な人をバカにしたりはしないけれど、自分の能力が他に秀でていることを常に意識している男であるということである。だがその思いはヒューの胸の奥に常に仕舞い込まれていて、それに根差す矜持《きょうじ》は間違いなく、自己信頼に発しているらしいということがよく判る。

クーパー図書館の主任が私に便宜を図ってくれるのはありがたいことである。だが、もしもこの私がヒューという人物の知遇を得ない、名もない一介の外国からの訪問者であるならば、全く別の待遇を受けることになるのは目に見えている。来訪者がいきなりこの図書館へやってきて、日本から来たクーパー研究家です、と言ってみたところで、誰も取り合ってはくれないであろう。人間社会のしきたり、社会事情、その場、その場の取り決めで私達は常に縛られて生きている。誰一人とて例外はあり得ないのだ。人間社会の冷厳な現実である。

ワゴンに積まれたクーパー作品の内、『開拓者』の初版本の一ページ目を読んでみた。次に、初版本の発行からわずか数年後に出版された、別の版元から出された同じ作品の、第三版の同じページを点検してみた。句点の打ち方が違うのみではなく、初版本に見られる言い回しが、そっくり削られているのだ。そういうことが、多くのページで起こっていることが判った。

昼休みに一旦この図書館から外へ出て、クーパー記念館の横にある簡易なレストランで軽食を摂り、すぐにクーパー図書館へ戻ってみると、私の座っていたテーブル脇に置いてあったクーパーの初版本はワゴンごとどこかへ姿を消していた。

主任は私の姿を目敏《めざと》く見付けると、すぐに奥からワゴンを押し出してきて言った。

「何か予測のできないことが起こるといけないと思いまして、事務所の奥へ移しておきました。どうぞ、お仕事をお続け下さい」

そう言って、主任はにっこりと微笑んで、午前中と同様に私の座っているテーブルの脇にワゴンを置くと、再び丁寧に言った。

「どうぞごゆっくり！」

初版本と別の校訂本との間に、随分と違いがあるものだということが改めて判って、私は夢中になって調べ続けていた。

ふと耳に聞き覚えのある男の声がした。ヒューが私を迎えに来てくれたのだ。時計の針は午後五時少し前を指している。

そんな風にして、私は四日間、このクーパー図書館へ通った。その度にヒューはわざわざ私を車で送ってくれた。嫌な顔一つ見せるでもなく、私の留守中にすることが結構あるようなことを言いながら、結局私に親切にしてくれるのだった。

私がクーパーズ・タウンへやって来て、ヒューの家にお世話になってから六日目の朝である。朝食を頂く前に、私はいつものように、洗顔を終え、シャワーを浴び、私の持ち物をシャワー室から階上の部屋へ持ち運んだ。シャワー室の続きの部屋がヒューの寝室である。扉が半開きの状態になっている。部屋にヒューの姿はない。きっとキッチンに立って、朝食の支度をしてくれているに違いない。

私は旅支度を整えた。大きなボストン・バッグに、本や衣類を入れたことを確かめ、リュックサックにカメラ、日記帳、ヒューが読むよう勧めてくれた本等を入れたことを点検すると、階下へ降りて行った。

エレノーとヒューの二人はキッチンに立って、朝食の準備中である。私は何か手伝うことはないか、といつものようにヒューに向かって声を掛けた。

そんな挨拶が、自分は元気ですよ、という合言葉にもなって、互いを安心させる機能を果すのだ。

「何もない。ただ座っていてくれれば良い」

いつもと同じ返事である。私はベランダへ出た。二匹のリスがびっくりして小走りに逃げ、ベランダの突端から隣の薮《やぶ》の中へ飛び込んでいった。あれ程に高いジャンプをした時のリスの跳躍力を私は初めてこの目で見た。

ベランダから少し離れた餌台には、何種類もの野鳥が来る。庭の松の木の枝に紐《ひも》の一端を結び、他方をベランダの高い所へ留めてある。餌台は、そのロープに何ヶ所にもぶら下げて、お客さんの来訪を待っているのである。

地面の坂道には、エレノーが早朝に餌を撒いておくらしく、私が朝、ベランダから下を眺めると、必ず大量の大粒の穀物がばら撒かれてある。そこへやってくるのは、相変わらず野鴨親子である。十羽の家族が湖面から這い上がってきて一列に並び、体を左右に揺すって坂を上ってくる光景は可笑しいやら、微笑ましいやらで、エレノーは毎朝その野鴨一家の姿を部屋の窓越しに見ているという。

「さあ、タイスケ、朝食の準備ができたぞ。一緒に食べよう」

別れの朝のメニューは多彩である。食パン二切れとバター、ジャム、コップ一杯のオレンジ・ジュース、その隣に、ドイツ製の大きなソーセージを輪切りにして、山のように盛り上げた野菜をその横に載せた大皿が置かれてある。

エレノーは両手を組んでお祈りを始めた。ヒューは黙って下を向き、エレノーのお祈りが終わるのを待っている。エレノーの朝食は、パン一切れとジュースに紅茶だけである。

ヒューのはと見れば、又もや砂糖をまぶした大きな菓子パン一個にオレンジ・ジュース、それに加えて私のと同様に、多目の野菜を盛り合わせた一皿である。

朝食を摂りながら、ヒューは言った。

「タイスケ、君に話しておきたいことがある。タイスケの今後の研究のことだ。アメリカ人を批判するのは良い。外部からの批判は私達にとって、非常に参考になる。そこでだ、タイスケは今後の研究のどこに一番力点を置こうとするのか、それを聞きたい。私は今回の君の発表に深い敬意を表している。よくあそこまで思い切って言ってくれたと思っている。私があれを言っても、実は説得力がないのだ。

ご存知のように、肌の色の違いは様々な人々に色々の考えや思想、判断の基準を与えてしまうものだ。わが国では、法律によって肌の色で差別をしてはならないという決まりがある。だが、人の感情を法律の条文で縛ることはできない。人の心の奥底で感じてしまう思いを誰も押し殺すことはできないのだ。ただ黙っているだけなのだ。タイスケがあそこまで言えたのは、外国人であるという君の特殊な情況があったからだと思う。いわば外国人としての特権だと言えるだろう。

そこでだね、今後、アメリカで色々と発表をする場合、タイスケにとって最も重要なキー・ポイントは何だね。参考文献の一覧表を君に送る場合、正確なキー・ワードを聞いておかなければ多分、無駄骨になるだけだからね、ははは……」

「ヒュー、ありがとう。今、ヒューの言葉を聞いて、私は深い感動を覚えました。ヒューの深い理解と寛大な精神、加えて、貴方の幅広い知識と経験に根差してアメリカ社会を見る正確な目、そして最も私が忝《かたじけな》いと思うことは、そこまで私の研究に、ご協力を惜しまない貴方の友情に私は深く感謝します。そこで、ここを去る前に貴方に私の考えをお伝えできることは、私の最も大きな幸いです。

それはですね、ネイティブ・アメリカンの生活の歴史、アメリカ社会で彼等の辿った生活の変化、彼等の内側で社会をどう感じ、どんな希望を抱いていったのか、アメリカ社会に絶望していった経緯はどうか、現在、どのような政治的、社会的、教育的な環境下に置かれているのか、とりわけ社会参加の情況はどうなっているのか、等々の観点から、様々な文献を調べ、具体的に居住地区へ入って調べ、理解をし、私なりの纏めをして参りたいと思います」

「そうか、そこまで考えていたのか。よし、私は君の研究の姿勢に賛成だ。タイスケの将来に乾杯だ。チアーズ！」

エレノーは夫の顔を時々見詰め、私の方へ笑みを投げ掛け、ヒューの言い終わった時に、一緒にコーヒー・カップを右手で高々と持ち上げて、乾杯をしてくれた。

「タイスケ、時間だよ。手荷物の最後の点検を怠るな。忘れ物があると、面倒なことになるぞ」

私にはその意味がよく判っているだけに、荷物の点検は前の晩、寝る前に何度も済ませておいた。

三人共駐車場へ出た。私は玄関先へ出しておいた荷物をヒューの車のトランクへ入れた。エレノーが玄関の鍵を掛け、エンジンの掛かった車の助手席に乗った。

クーパーズ・タウンはまだ静かな休息の内に静まり返っていた。車は五分も走ると、バスの停留所へ着いた。周辺には人っ子一人として見られない。

事務所の中の一人の女性に向かって、ヒューが私に代わって、ニューヨークまで片道切符を一枚頼むよと言った。カウンターの中のアフロ・アメリカンの四十歳前後の婦人はヒューのことをよく知っているらしかった。晴れやかな顔をして、エレノーとヒューを交互に見ては、朝の挨拶を短か目に交わした。ヒューの簡単な紹介で、私のことが説明されると、この町の静かな様子が自慢らしく、「さぞかし、良いご滞在でしたでしょう」と私の顔を見て、愛想笑いをした。

外の駐車場に車を置いたまま、ヒューはこれからすぐにこの場を立ち去るという。

「歯医者での予約の時間が迫っている。エレノーが最後まで見送るので、私はタイスケと今、ここでお別れだよ。クーパー・セッションも楽しかったが、この町で君と散歩をし、食事をし、色々と話ができたので、良い思い出になった。楽しかったよ。又二年後だね」

「ヒュー、色々とありがとうございました。この度のご親切は忘れません」

ヒューは握手を求めた。私はヒューの手を握った。次にヒューは大きな体で私を抱きすくめた。私はヒューの肩までしか背がないので、両手を回そうと思っても、ヒューの腰のやや上部を抱いたことにしかならなかった。

無言のまま、短い間抱き合ったが、私はすぐに解放された。

くるりと踵《きびす》を返すと、ヒューは大股で歩き始めた。振り返ることはなかった。私は最後の一瞬まで、目でヒューの姿を追った。

やがて大型バスが到着した。エレノーは私を抱いた。私もエレノーの小さな体を少し強く抱いた。

「ボストンでの良いご研究ができることを祈っています」

それがエレノーの最後の言葉だった。バスが動き出しても、エレノーはじっと私の目を見詰めていたが、その姿はどんどん小さくなり、やがて見えなくなった。

第三章

一　アメリカ三州の想い出

1. ニューヨーク点描

長距離バスの楽しみは、窓の外の風景を時間を掛けて眺め、ここぞと思えばカメラを向けて一瞬の光景をフィルムに収めることができることだ。オニオンタで乗った時、乗客は私一人だけであったが、三十分の休憩を取る予定のキングストンでは、客が長蛇の列をつくってバスの到着を待っていた。ここで今までのアフロ・アメリカンの運転手はヨーロッパ系アメリカ人の若い運転手と交代をした。出発から三時間半後の運転手の交代であった。長距離バスの運転の場合、運転手が代わるのは、日本でもよく見る光景である。

キングストンを出発する時点で満席となり、次の停留所からはノン・ストップとなった。停留所で待っている乗客に合図をしながら、運転手はスピードを落としてスピーカーで知らせた後、素通りしなければならなかった。

ニューヨーク市までの六時間、私は退屈することはなかった。これまでの滞在の思い出に耽ったり、これからの旅の予定を考えたりと、結構、頭の中で夢中になって考えることが幾らでもあったからである。記憶に残ったことをメモ帳に細かく書き、反省事項や感想を書き加えている内に、バスは車首をマンハッタンに向けて高速で走行し続けた。バスの快適なエンジン音と程良い振動を体に受けながら目的地に向かう時の興奮は、私には限りなく心地良く感じられた。

さて、朝八時五十分にオニオンタを出たバスは間もなくマンハッタンに到着しようとしていた。私の隣に乗り合わせた六十代の婦人は、私が大きな重そうなカメラを横で回すものだから、私をてっきりカメラマンかと思ったらしい。どんな雑誌に写真を載せるのか、撮影の意図は何か、などと色々と尋ねるのが面白かった。

その婦人は厚手の本を読んでいたので、貴女は作家ですかと問うてみた。この質問は相手にとって、非常に意外であったらしく、目を見開いて私の質問を否定したのが一層面白かった。こういう意外な質問をすると、相手の職業を間接的に尋ねた効果は抜群で、すぐにも自分の職業をこちらに教えてくれるのが何といっても嬉しい。小学校の教師をしているとの返事であった。私は未知の人に自分の職業を隠す必要もない代わりに、細かく言う必要もないので、何かちょっとものを書く仕事に従事していると言ったら、先方は安心した様子であった。

午後二時四十五分にバスは予定通りにニューヨーク市内の長距離バスセンターへ着いた。雨が降っていた。

大きなボストン・バッグを左手で引きずり、肩にリュックサックを掛け、右手にはナップサックに重いカメラを二台入れて運ぶ。両手の自由が利かない状態なので、私はすぐにタクシーを拾うことにした。バスセンター前のタクシー乗り場に立つと、すぐにイエロー・キャブが私の目の前に停まった。

アフロ・アメリカンで、まだ三十前の若い運転手だった。日本へ行ったことがある、と人好きのする愛想笑いを浮かべながら、バックミラー越しに言った。横浜と都内の街の名前を幾つか挙げたので、日本へ来たことのあることは確からしかった。日本人は親切だったと、盛んに日本人を誉《ほ》め上げる。こういう運転手はアメリカのどの街へ行ってもお目に掛かることができる。日本人の私に向かって、もしもお愛想を言っているのでないとしたら、日本人は外国人に対して、とても親切にしているのかも知れない。ニューヨーク、ロサンゼルス、サンフランシスコ、ボストンの町で地元の人々と話をすると、同じような言葉を聞くのである。アメリカの東部、西部の非常に距離の離れた別々の場所で、同様の言葉を聞くのだから、言われている言葉の背後には、共通の事実があるに違いない。

運転手が日本語を教えてくれ、と言うので、私は思い付いた短い言葉を日本語で発音してみた。

「あなたみたいなひとと、いちど、ゆっくりお茶を飲みたいと、思っていました」

少し難しいかな、と思いながら発音をすると、その男は懸命になって、何度も言ってみるのが可笑しかった。十回程繰り返していると、まともに聞こえる日本語になっているので、これはひょっとすると、覚えておいて実際に遣うかも知れないと思った。

「どういう意味ですか」

そう問うたので、その意味を英語で説明すると、相手は非常に喜んだ。

「ワンダフル。アイル　トライ　イッ　スーン」

　私は日本の女性に言うのも良いが、初めて会った人に言うと相手にして貰えないよ、と注意をしておいた。

「なぜですか」

「英語でも日本語でもそうですが、字面だけで言葉を理解していると、その言葉の真意が相手に伝わらない場合があります。時には、誤解を生み、相手を刺激して怒らすことにもなり兼ねない場合が生じるからね」

　そう言うと、運転手は、うーむ、と言って黙ってしまった。

「今、貴方が練習をした日本語は、何度か会った人々の中で、特に印象深く貴方の記憶に残った人に再会した場合に限って遣ってみると、効果があるかも知れない」

　そう注釈を加えると、バックミラー越しに、運転手は深く頷《うなず》き、納得した様子であった。

　ブロードウェイの繁華街へ差し掛《すさ》かった。私はオニオンタへ行く前にその近辺を頻繁《ひんぱん》に歩いたので、見慣れた光景である。凄まじい数の車や人々の間を縫うようにして走るその運転捌きは見事なものである。

　ブロードウェイ三十九丁目の繁華街は劇場や映画館、土産物店、レストランなどが隙間もなく並ぶ街である。タクシー、自家用車、市内循環バス、観光バス、そして時には、警察官の乗った馬が通る。これだと、強盗が逃げようとしてどんな路地へ入り込もうとしても、捕《つか》まってしまいそうである。ニューヨークという街は、超近代性と同時に、前近代性を織り交ぜた街である点が面白い。

ニューヨークのこの最も著しい繁華街の特徴は、凄まじいばかりの騒音である。クラクションが始終鳴っている上に、周囲にあるチケット売り場から聞こえるスピーカーの音量は、耳を覆いたくなる程である。加えて、日本でもテレビに頻繁に映し出される、広告塔から放たれる宣伝の音は、街の車の騒音を上回る音量で、街行く人々の耳にこれでもか、と言わんばかりに強烈な音を高い所から流し込むように送り付けてくる。

この辺りを歩く人々の数には目を見張るものがある。お祭りでもあるかと思ってしまう程の人の群れである。新宿の紀伊国屋書店前の人だかりと同様だが、混雑する地点は一点ではない。ここもかしこも人、車、騒音の三拍子が揃って迫ってくる。もう一つ、日本と全く違う点は、聞こえてくる言葉が英語だけではなく、非常に多くの外国語が飛び交っていることである。街全体が生き物のようであり、喧噪の波が人を襲ってくる。

私の乗るタクシーは三十九丁目を安全に通り抜け、しばらく行ってペンシルベニア駅を左に見てさらに直進した。すると、合衆国郵便局はすぐ前方左側に見えてきた。郵便局前の交差点では左折禁止になっているので、一旦直進し、郵便局の後方の交差点で左折をし、二つ目の信号を左折して三百メートル走った所に私の宿泊先のマンハッタン・インはあった。

運転手は一旦降りて、トランクから私の大きなボストン・バッグを出しながら、笑顔で言った。

「色々と教えてくれてありがとう。良い旅行になると良いね」

「こちらこそ、無事に送り届けて下さってありがとう。例の言葉を上手に遣えると良いね」

「ははは、努力してみるよ。ありがとう」

そう言って、タクシーは駅の方面へ走り去った。

マンハッタン・インで今夏二度目の宿泊をすることになる。今回は四泊する予定だ。フロントの担当者は顔見知りなので、愛想も良く、私を二階のシングルの部屋へ案内してくれた。

到着したその日は、予定を立てず、マディソン・スクェア・ガーデンとペンシルベニア駅の辺りを散歩することにした。早速隣のデリカテッセンへ入ってみると、過日、愛想良く応対してくれたインド出身の店員が驚いた表情を浮かべて、握手を求めてきた。

「貴方のいる店へどうしても来てみたくなってね、それで又やって参りました。四日程こちらのすぐ隣のインで滞在して、その後、ボストンへ向かう予定です」

「ボストンですか。良いですねえ。あそこへは行ったことはないですけれど、きっと静かな街ですよ」

相変わらず、相好を崩してにこやかに応対する顔を見ていると、どうしてもこの店員とどこかで会ったような気がするのが不思議でならない。よく考えてみると、私の親戚の一人と顔の輪郭が共通していて、私自身が懐かしい気分を覚えていることに気が付いた。黒い目、浅黒い顔、笑うと遠い日に会ったような表情を浮かべるところが、そっくりなのである。

「この店で買うパンは、とても味が良いので私の気に入っているんだよね。青いリンゴも捨てられない味ですよ」

私はそう言って、ジュース代も含めて六ドル四十セントを支払った。

「この近辺に、日本料理店はないですか。あったら、教えて欲しいのですが」

私は店を出る前に、その店員に尋ねた。店員は早口のインド訛りの英語を遣って、他の店員に何かを聞いていた。やがて私の立っている店頭へ戻ると、少し入組んだ道順を丁寧に教えてくれた。

「この店の前の道を反対側へ渡り、数字の若い街路を目指して歩いて下さい。ここは三十八丁目ですから、五丁目までは距離が大分ありますよ。そうですね、三十分程掛かります」

私はこれまで何度もこういった細かい道順を聞いてから、歩いて行ったものだ。ところが残念なことに、目的の場所を一度で探し当てたためしがない。この時も多分駄目だろうと半分は諦めながらも、親切に教えてくれたことを感謝して、店を出ることにした。

探そうと試みたが、やはり駄目であった。街路の番号を確認できたが、そこを右へ曲がっても、銀行や靴屋などはあっても、目当ての食事処のある気配はなさそうであった。余り当てにもしていないので、他の場所を探せば良いと諦めて歩き回ると、いつの間にか、グランドセントラル駅の前へ出た。この駅から私の宿泊先のインまで相当の距離があると思った。

次に市立図書館前へ出た。足が痛み、少し休憩が必要であった。路傍の石に腰掛けて、カメラをナップサックから取り出した。目の前の建物全体に見事な彫刻が施されている。遠景の構図で写真に収めた。

大きなカメラをいじっていると、すぐ傍《そば》に立ち止まって微笑を浮かべる紳士がいた。

「ハロー」

とこちらから声を掛けると、にっこりと笑って、見知らぬ紳士は言葉を返した。

「素晴らしいカメラですね」

「ええ、私が年来愛好してきた、日本製のものです」

「素晴らしい」

そう言って、紳士は通り過ぎて行った。私はカメラをナップサックに入れ、歩き始めた。食事をしようと思えば、ニューヨークの街中にレストランが溢れている。だが、私は温かいうどんが食べたかった。それらしい店を探すのだが、どうしても見付からない。

中国料理店は、ちょっと見回すとどこにでもある。私は日本料理店を諦めて、中国料理店へ入った。日本のラーメンの味は先ず味わえないだろうと思いつつ、店先に貼ってある写真をよく確かめて、これならば日本のラーメンに近い味のものが食べられるだろうと期待をして注文した。

配膳されたものを一口喉を通してみたが、私の口にどうしても合わない。料理法が全く違うので、固くてパサパサした麺に、それ以上は箸が進まないのであった。店員の視線を感じて、残すのもバツが悪い気がする。私は無理をして食べ切った。

食べ終わった直後、私は食べたいと思った物以外の料理で腹を満たしたことを、非常に後悔した。

何か取返しのつかないことを犯してしまったような嫌な気分を抱えて、私は再び歩き出した。地図をリュックサックの中に入れてあるが、それを出して確認するのは面倒である。私は街の通りの番号を確認し、エンパイア・ステート・ビルディングの位置を頭に入れて、宿泊先のインに向かって、歩き始めた。相当に遠回りをしたに違いない。ぶらぶら歩きながら、一時間半も時間を掛けて、やっと合衆国郵便局の前へ出た。

折角だからと思い、切手を纏め買いしておこうと決心して中へ入った。大きな建物の中へ入ると、長蛇の列である。

三十分以上は待ったであろう。窓口は十以上もあるのだが、人々の動きが極めて緩慢である。どの窓口にも客がいる以上、後ろの客は待たなければならない。けれども、窓口業務の動きが遅く感じるのは、私だけであろうか。

長い列の客が今より数倍も円滑に移動できるシステムを、誰かが開発してくれると良いのだが、と私は非現実的な思いを噛み締めながら立ち続けた。半時間程の間、近代的なシステムの筈の、ニューヨークで一番大きなアメリカ合衆国郵便局の中で、私は時間が逆行するのを覚えていた。

昼食を遅めに済ませたので、夕食はまだ先で良い。時計を見ると、午後四時である。私は以前から行こうと思っていた場所へ、これから行ってみようと思った。

随分あちらこちらと歩き回ったので、汗をかいている。そのため風が当たると、少し肌着が冷たく感じられる。それで私は一旦、部屋へ戻り、シャワーを浴びることにした。シャワー室は簡素で狭い空間であるが、贅沢は言えない。

シャワーとは便利至極のものだ。現代人が考えた最高の発明なのかも知れない。そんなことに感激を覚えて、リフレッシュした感じを覚えながら、洗濯物を固く絞って部屋の中で最も日に当たる場所へ、ハンガーに吊るして下げた。

フロントにいたのは、毎朝必ずそこにいる中年の女性であった。三十五、六の年格好で、背の低い、まるぽちゃの唇の厚い女性である。

「又ちょっと外出してくるので、鍵を預けておくからね」

そう言いながら、私は外出前に、電子メールを家に送りたいと思ったので、入口から入ってすぐ左手の隅に据え置かれてあるコンピューターの前に座った。

「美しい発音にいつも感激してしまっているのですが、ご出身はどちらですか」

「まあ、おじょうずを仰るのね。私の出は、メキシコよ」

私はイタリア系の女性かなと思っていたが、違った。ラテン系特有の発音が耳に残っていたので、そう思ったのだが、考えてみれば、メキシコ出身者であることをもう少し早く気が付くべきであった。

「メキシコですか。貴女の笑顔はとても素敵ですよ」

私はそんなことを、相手の目を見てしっかりと言った。カウンターの女性は、非常に嬉しそうな笑顔を浮かべて、思い掛けない言葉を返してくれた。

「いいわ。今回の電子メールは無料にしておくわ」

「じゃあ、帰りに綺麗な花を買ってきて差し上げましょう」

「まあ！」

こんな会話は、実に楽しい。約束をしたら、実行すべきは言うまでもない。相手が女でも男でも会話の基本は変わらない。アメリカ人は約束を非常に大切にする国民である。

玄関から出て、隣のデリカテッセンの前を通ると、あの男性が店の勘定台《かんじょうだい》に立っている姿が認められた。その男を見遣りながら、私は地下鉄の駅へ向かった。

二年前に乗った時には、トウクンという丸いコインを買って乗った筈なのに、今回窓口でトウクンを売っている様子はない。周囲を眺めていると、自動販売機で誰もがカードのようなものを買い求めている。私はそれを真似して求めた。

改札口にある鉄製のバーは、私が地下鉄専用のカードをスライドさせると、スムーズに回転した。それで私は容易にホームへ入場することができた。

ペンシルベニア駅からダウンタウン方面の電車に乗って、カナル・ストリートで下車した。ここまでわずか二ドルである。この駅で降りてから目的地への道順が皆目見当が付かない。地図を眺めたが、要領を得ない。

若い男女二人に尋ねた。親切に教えてくれる人だった。とりわけ、男性は、わざわざ私の進むべき道まで十数メートル程も歩いて、「あそこに見える道を歩いて行けば良いですよ」などと、丁寧に教えてくれるのだった。

二年前の夏、妻と娘の三人で、世界貿易センタービルの地階で食事をしたり、色々の店を覗いて散歩をしてから、埠頭へ行って、船に乗ったことを思い出した。私がクーパー学会で発表を終えて、マンハッタンへ出て、ルーズベルト・ホテルで二人と落ち合ったのが七月十日であったから、その翌日ここへ来たのだ。晴天で予想を超えて暑い日であった。

イースト・リヴァー沿いに公園を歩いて行くと、マンハッタン島と向い側のブルックリン島との間を、通勤客のために無賃で大きな船が就航している。二年前にこの船に私は妻と娘と一緒に乗ったことを思い出していた。

ブルックリン島に着いてから、しばらく辺りを散歩をした後、次の便でマンハッタン島へ戻る時、左側に自由の女神像を眺めつつ、船の進む前方を眺めたのである。

時刻は午後六時頃であった。空は晴れ、柔らかい潮風が頬《ほお》を撫《な》でていた。観光客らしい多くの人々は船首に集まっていた。私達も含めて、眼前の光景に心を奪われ、われに返って口々に印象を語る人々の言葉が飛び交っていた。

マンハッタン島は立体的な極彩色の積木の世界さながらであった。高層建築のビルの群れは各階、窓という窓から色とりどりの照明の光が放たれ、島全体が一つの巨大なイルミネーションの塊に見えた。

その中でも、世界貿易センタービルは他に抜きん出て高く聳え立ち、現代建築の勝利を世界に向かって宣言しているかのようであった。ツイン・ビルは地上四百四十メートルを超える高さを誇り、マンハッタン島では三百八十メートルのエンパイア・ステート・ビルディングを遥かに超える、最も高い建物であった。メイ・ミヤタ氏の設計に成り、一九八〇年代に完成された記念すべき建物である。ニューヨーカーがこの建物を自慢に思い、アメリカ人のサクセス・ストーリーの象徴として日々これを眺めていたとしても不思議はないだろう。

海上に浮かぶ自由の女神像と世界貿易センタービルを交互に眺めながら、船上の人々と一緒に私はマンハッタンの夕暮れ時の光景を楽しんでいた。

世界中の人々は、それからちょうど二ヶ月後に起こった不幸な出来事を覚えている。教えられた通りに歩くと、私はいつの間にか、かつて世界貿易センタービルが高く聳《そび》えていた場所へ辿り着いた。テレビで何度も見た、あのツイン・ビル崩壊の跡地である。

今、私の目の前に横たわる光景は、残骸・瓦礫《がれき》の山と、巨大な穴である。大きく抉られた地面に、土塊《つちくれ》と工事用の用材が山と積まれた空しい空間があるばかりだ。大型トラックが何台も出入りしては、土を運び去り、無数のコンクリート・ブロックを運び入れている様子が、鉄柵の向う側に認められた。

テレビでも見た鉄骨の大きな十字架が見えた。あの巨大な建物を支えていた鉄骨が崩れ去った際に、あたかも十字架と同様の形で堆い瓦礫の山の上に残って立っているのである。その天辺《てっぺん》に、合衆国の国旗がはためいているが、それは悲しみの塔である。その光景は、闘いの後の戦場の空しさを思わせる。

周囲をぐるりと歩いていると、写真と手書きのメモを展示してある一角で、私は思わず立ち竦《すく》んだ。それは明らかに、二〇〇一年九月十一日に、この破壊の現場に偶然居合わせた人々の、写真や最後に書き残した短いメモであった。

その内のあるメモは、自分の命が旦夕《たんせき》に迫った緊迫した一瞬に、家族を思い、恋人を思い、兄弟や友人を思って、遺書としてしたためたものである。あるいはまた、偶然にもカメラで撮影した直後に、命絶えた人の、無言の光景写真であった。

遺書を残した人の周囲は阿鼻叫喚《あびきょうかん》の地獄絵さながらの光景であった筈である。その緊迫した一瞬に、わが命は助からないと思い諦めた人々の心境は、様々であったと想像される。

自分独り、煙の中を彷徨《さまよ》い、あるいは走って危険な場所から避難できる人々がいた一方で、倒壊したコンクリートや鉄の柱に手足、胴体を挟まれ、身動きできない人が、自分の命はこれまでと思い諦め、最後の一瞬に指を動かし、心に浮かぶ家族、恋人、友人に宛てて書いた、非常に短い遺書である。鉛筆やボールペン等で書かれてあるとは限らない。自分の体から迸《ほとばし》り出る血を指先に滲《にじ》ませて、手に触れた用紙や袋の表面に書き記したものもある。

「君に出会えて嬉しかった」

「子供を頼む」

「残念だ」

「恐いよ」

「呪ってやる」

そんな短い遺書が、通路の一角に展示されているのだ。

死を直前にしたその犠牲者の言葉が、痛烈に私の胸の内深いところへ食い込んだ。私はその狭い展示場から身動きできないまま、長い時間悲痛な思いに駆られて、立ち尽くした。

夕方の涼しい風が海から吹き付けてきた。われに返って、私は辿ってきた道を目指して歩こうとした。だがどうしたことか、歩く力がどうしても湧いてこない。その時、私は、悲哀、寂しさ、啜《すす》り泣く声が辺りに充満しているのを体中で感じていた。

大通りに向かってゆっくり引き返すと、観光ルートを辿ってやってくる大型観光バスが何台も私の目の前に停車していた。座席から立ち上がって、観光客が破壊の現場をわれ先に競うようにして眺めている。その光景を、私は正視することができなかった。

私は私自身が観光客の一人であることを思った。私はその日、これ以上観光を続けることはできない気分に包まれた。その場をできるだけ早く離れたいと思った。タクシーを拾って宿泊先のインへ直行すると、その日は夕食を摂ることもできずに、部屋のベッドに横たわったまま、長い夜を過ごした。

2. クリーブランドの知人を訪ねて

ニューヨークへ戻って三日目の午後、私はラガーディア空港からオハイオ州クリーブランドを目指して飛んだ。勤務先大学の同僚で、かなり以前からアメリカに住む夫妻を訪問することが目的であった。

アメリカに永住権を持ち、クリーブランドに邸宅を構えているので、機会があったら、ぜひ来てくれと何年も前から招待を受けていた。

クーパー学会が無事に終わり、ニューヨーク市で数日を過ごす時間の余裕があった折である。クリーブランドへ行って、周囲の緑に目を休ませて数日を過ごしてくるのは、自分の気持の状態にも適っていると思った。

コンチネンタル二〇一五便、五十名乗り程の小型機は、ラガーディア空港を午後一時に出発し、二時四十分にクリーブランド着の予定だ。窓側の席に座って機内を見回すと、空席はなく、乗客のほとんどは既に席に着いているようである。これから二時間弱の飛行だ。

やがて機長のアナウンスが早口で始まった。私はシートベルトの確認をした。私の乗った小型機は空中に爆音の響きを伝えて飛び立ち、クリーブランドを目指して順調に北西に向かった。機体は雲の塊を突き抜け、雲の絨毯《じゅうたん》を数百メートル程上から見下ろす高度を維持して、オハイオ州を目指して飛行を続けた。

下方に大きな湖が見えてきた。ニューヨークから北西に進んでいるのだから、海は見えない筈なのだが、一瞬私は〈あれは、海なのかな、おかしいぞ〉と勘違いをした程である。その巨大な湖が見えた頃から、機体は降下し始めた。まだ目的地へ着く筈がないのだが、と思いながら、隣の男性に窓の外に見える湖水の名を尋ねてみた。エリー湖だという。間違いない。予定よりも、二十分も早く到着したのだった。

ゲートを出て、長い通路を案内表示に従って歩くと、地上出口へ出た。迎えの人々が沢山集まっている。私は人々の顔を見回した。

岡本教授は中学生位の女の子と一緒だった。あんなに小さいお子さんはいない筈だが、と思いながら私は近付いた。

「こんにちは。お言葉に甘えまして、とうとうここまで来てしまいました」

「ようこそ、クリーブランドまで。こちらは、知り合いの娘さんです。しばらくお預かりしていたのですが、本日の午後から、アメリカ人の私の友人の家でホームステイする予定です。その人とは三時間後に待ち合わせています。一度家へ帰り、再度、送り届けます」

紹介されたお嬢さんを見ると、まだ社会のことも大人の世界のことも何も判らない、あどけない表情の少女である。唇をきゅっと締めて、畏《かしこ》まった表情で私に挨拶をする。

岡本さんは私を駐車場へと案内してくれた。日本製の大型車である。アメリカでは日本車が圧倒的に人気が高いという。買って良し、売って良しで、結構尽くめであるというお話である。

岡本さんはイリノイ大学を出て学位を取得された方だから、日本よりもアメリカでの生活の方が慣れていらっしゃる。日本ではバスに乗って勤務先の大学へ通勤するが、アメリカでは大型の日本車で方々を駆け回っている人だ。

岡本さんは日本の大学で教えるようになる前は、この土地にある大きな研究所に研究職として勤めていたと伺った。企業が必要とする統計の図表を研究し、それを定期的に発表し、大きな分厚い本にして出版されている。多くの企業の間に需要があるらしい。

クリーブランド郊外のシャグリーン・フォールズという所にお住まいだという。空港から四十分程高速道路を走り、高速を降りると間もなく到着した。広大な敷地である。大木で囲まれた平家建ての邸宅正面は、周囲を走る街路から五十メートル程も曲線を描いて奥まった敷地にある。玄関正面までの庭園は奥行き感のたっぷりある総芝生である。家の正面だけで、広さはほぼ五百坪位はあるだろう。楓の大木が通路の両側に並び、広大な感じを与える。

日本では到底考えられない広さだ。一般の人々が日常生活の居住空間として、これだけの面積をもつ邸宅を持つことは、先ず不可能に近い。ところが、アメリカでは違う。岡本さんの住むこの一角だけではない。至る所に、このような広大な規模の邸宅が見られる。中流家庭に共通の広さだという。

この土地に住む人々は、周囲の環境を同じように整える協力を惜しまないらしい。街を綺麗な状態に保って住むことが何よりも枢要な居住の条件であるという。周囲のどの邸宅も、広々とした総芝生の奥まった所に、木陰に隠れるようにひっそりと家が建っている。

周囲の緑に感嘆してわれを忘れて立っていると、家の中から奥さんが迎えに出た。中へお入り下さいというご案内で、家の中へ入って居間から外を眺めた。家の正面の庭園面積の二倍程もある広大な庭園が総芝生の緑の手入れも良く、瑞々《みずみず》しく横たわっている。

「一体、岡本さんのご邸宅の面積は全部でどの位あるのですか」

知りたい気持を抑えられないままに、とうとう私は尋ねてしまった。

「一エーカーです。この辺りの邸宅は皆、同じ面積で揃えられているのです」

「エーカーという面積の単位は、私には見当も付きませんが、平米単位に直すと、どれ位なのですか」

私は興味をそそられて、さらに尋ねてみた。

「一エーカーは、およそ四十アールです。一アールは百平方メートルですから、およそ三十坪でしょう。つまり、一エーカーは約千二百坪です」

広い筈である。これ程の面積が、この辺り一帯の人々の、平均的な住宅地だという。

「さてと、そろそろ、このお嬢さんをホームステイ先の友人の家へ送り届ける時間が近付いています。鈴木さんもご一緒しませんか」

岡本さんの提案に私は思わず賛意を表明した。奥さんを残して、再び岡本さんは中学生の娘さんと私の二人を車に乗せ、三十分程走った。

岡本さんはかつてご自身が勤めていたという研究所の大きな駐車場でエンジンを切った。半円を描いた洒落た格好の鉄筋二階建ての建物である。社長秘書の綺麗な女性が外へ現れた。岡本さんとは知己のようで、打ち解けた表情を浮かべながら私達を迎えた。結局、その女性が中学生をホームステイさせてくれる、受入先の方であると紹介された。

岡本さんは私のために、研究所内を案内してやって欲しいと、その女性に依頼をしてくれた。実際、私はアメリカ国内の会社の光景を映画を通じて以外、この目で見たことがない。その女性は快く引き受けてくれた。

一階の事務所をひと回り廻ると、その案内の女性は私達を二階へと導いた。幾つもの事務所が、廊下を挟んだ両側に、果てもなく並んでいる。余り広くはない部屋に二名程の男女の社員がパソコンに向かって、仕事をしている。その光景は別段に珍しいというのではなく、日本のどこの会社でも見られるものと変わりはないようである。会議室、資料室、事務一般の執務室等、日本で見慣れた光景と少しも変わらない仕事の現場である。

岡本さんを知っている所員は少なくないようであった。氏の顔を見ると、懐かしそうな顔色を浮かべて、久々の挨拶を述べようとする男女の姿が目立った。

岡本さんにとっても、かつて勤めていた頃の同僚との再会で、特別の懐かしさを覚えているに違いない。

一通り所内の案内をして頂いた後、私達は再び駐車場へ戻った。車の横に立つと、先程から案内役を買って出た女性は、改めて、中学生の名前を確認した。女の子の持参した荷物を引き取り、それを自分の車に載せると、中学生を岡本さんから引き取って言った。

「さあ、このトモエのことは、確かに承知致しましたわよ。ご本人が余り緊張して、生活に支障を来すような場合があれば、岡本さんのご自宅へいつでもご連絡を致しますわ。多分、そうしなくとも大丈夫だと思いますが」

そう言った後、女性は岡本さんと私に丁寧な挨拶を交わすと、車を発進させた。その青い大きなセダン型の車は夕陽に照らされた丘を下って行くと、やがて左右に畝《うね》る道の角に吸い込まれるように消えた。

岡本さんは他人の娘を預かっていた重責から、その一瞬、解放された。自分の役割を果たした後の安堵《あんど》の溜め息のような、非常に深い息を一度吐くと、ゆっくり言った。

「さて、私達も帰るとしますか」

運転しながら、岡本さんはトモエという名の中学生の顔、その親である知り合いのことを多分、心に思い浮かべながら、自分の果たした仕事の内に、何かし忘れた点はないかと、懸命に点検をしている様子であった。

「何も忘れ物はなかったのかな。いや、大丈夫、大丈夫」

私は岡本さんの気持を察して、なるべくならば声を掛けないようにと心掛けた。

家のテラスには、椅子と丸いテーブルが置かれている。テーブルの向う側は、壮大な芝生の庭園である。遠くの隣家の傍を素早く走るのは、野うさぎらしい。樹陰にリスが走り廻る。小鳥が梅の枝にやってくる。奥さんは餌を欠かさないように気を付けているそうだ。小枝にぶら下ったプラスチック製の餌台に、次々と小鳥が飛んできては止まる。幾つも作られた小さな穴に嘴《くちばし》を突っ込んで、バランスを取りながら穀類を啄《ついば》んでは飛び去る。黄色、黒、赤い鳥等、日本では見掛けない小鳥である。

やがてテーブルの上に、ビール、ワイン、日本酒、ほうれんそうの胡麻和え、味噌汁、冷奴等が山と盛られた。野菜のてんぷら、牛蒡《ごぼう》と大根に蒟蒻《こんにゃく》の味噌煮の温かい鍋料理が、もう一つ別のテーブル一杯に並べられた。日本を離れて久しい私への歓待の手料理である。

最初はビールで乾杯し、その後は、各自の好みに従って、飲み物は自分で選んで呑むことになった。

岡本さんは、ワインを少し呑むと、顔を真っ赤にして首を項垂れて、眠ってしまった。きっと一仕事終えた後で、疲れているのだろう。奥さんが声を掛けると、その拍子に急に起きて、ワインを口にするのだが、その後、数秒もすると再び眠ってしまうのであった。

シャグリーン・フォールズの夕べのひと時、午後八時を少し回った頃、木陰に黒い大きな影を落して辺りは急に暗くなる。私は日本を離れて久しい奥さんに声を掛けた。

「日本が恋しくなることはありませんか」

「ありますよ。でもね、二人の子供はもう仕上がって、娘たちはこのアメリカで働いていますの。時々、子供達が来るものですから、この家を守るのが、私の務めなのですわ」

「そうですか。娘さんはご結婚なさって？」

「ええ、上のがアメリカ人とねえ。家の中に写真がありますわ」

日がとっぷり暮れて、辺りは深い闇に包まれた。岡本さんは、相変わらず深い眠りに陥っている。私もそろそろ休もうと思い、少しワインで酔いが回った感じを覚えながら、広い庭園を裸足でひと回り歩いてみた。ひんやりとした夜露が足の皮膚を刺激した。リスが私の周囲を小走りに走るらしかったが、目には見えない。素早く逃げる音だけの世界である。

隣家との境は無く、楓の大木が三本、一定の間隔を空けて立っているのが境界だという。隣家の大型犬が勢い良く走ってきて、その大木のすぐ横でピタッと止まって吠えている。電波仕掛けで隣接地へ入れないように工夫されているそうだ。だが、境界線の向うで私の気配を敏感に感じて吠えている。飼い主が出てきて、こちらの様子を窺うと、犬に何か指示を与えた。すると、その犬はそれっきり吠えるのを止め、主人の後について夜陰に消えた。岡本さんの家に犬はいないが、広大な敷地に犬がいると飼い主は安心できるだろう。

家の中へ入ると、奥さんは私に写真を見せてくれた。アメリカ人と結婚したという娘さんの、晴れやかな写真であった。嬉しそうな表情を浮かべて、相手の男性と手を取り合って、仲良く写っている。私は広い洋間の寝室へ案内され、ベッドに深く潜った。

朝、目が覚めると、岡本さんは疾《と》くに起きて居間で新聞を読んでいた。

「昨日は大変にお世話になりました。また結構なお食事をご馳走になりました」

「よく眠られましたか」

岡本さん自身は、十分の睡眠を取れたと見え、晴れ晴れとした表情で尋ねた。

「私は生来、暢気者でして、どこへ行っても、ベッドに入ればすぐに眠れるんです。でも、このお宅の場合、周囲の環境が閑静ですので、私は殊の外、熟睡できました」

「それは良かったですね。ところで、今日の予定を申しますと、この家を八時には出たいと思います。エリー湖まで参ります。その後、一旦ここへ戻り、夕方、野外音楽堂へ行きまして、そこで予定されています交響楽団の演奏を聞きましょう」

「何から何まで、色々と素晴らしいご企画を立てて頂きまして、ありがとうございます」

「それでは、朝食を摂りましょうか」

奥さんは、すでに食卓に並べて、客が席に着くのを待っていた。早朝のシャワーを浴びた直後なので、私は気分も晴れやかに、食堂の椅子に着席した。

「奥さん、お早うございます。大変ご丁重なご接待を頂きまして、感謝に耐えません」

「そんな大袈裟《おおげさ》なものではありませんので、さあさあ、どうぞお座り下さい」

白い御飯にするか、お茶漬けにするかと聞かれ、私は迷うことなく、あっさりしたものを選んだ。梅干しの入った温かいお茶漬けである。その味の繊細美味、風味の懐かしいこと。アメリカでその味を味わうことができるとは思いの他であった。前の晩にお酒を呑んだので、こうした食べ物は有難かった。

食事が済み、外出の準備に半時を経て、玄関を出た。カメラを出して、邸宅の前で写真を撮っていると、昨日の犬が、猛烈な勢いでこちらへ向かって吠えながら走ってきた。前の日には暗くてよく見えなかったが、訓練された犬であることだけは判っていた。どんな種類の犬なのだろうか、と犬好きの私は興味を覚えていた。

見事なゴールデンレトリバーであった。毛並みも良く、体格も非常に均整が取れていて、文句の付けようのない犬である。私の五メートル程手前で、その犬はぴたっと止まって吠え続ける。その吠える様子が尋常でないことは、誰の耳にもそれと判る程である。

隣家の主人と思しき人が飛び出てきた。一見して、私を岡本さんの訪問者であることを見て取って、口笛を吹いた。その途端、犬はくるりと背を向け、隣家の玄関口に立つ主人の前まで疾走した。

ゴールデンレトリバーは主人の前で座り、尻尾を大きく振り、大きな口を開けて、主人の次の動作を待っている。主人が手を上げ、肉の塊をぶらさげると、犬は両足で立った。それでもまだその肉を主人の手から奪い取っても良いとは言われていないようであった。

よく訓練されているので、私は感心して見入った。犬は両足で立って、ワン、ワンと二回吠えた。主人は口笛をもう一回吹いた。その一瞬、犬は肉を主人の手からもぎ取り、のたうち回るようにして、あっという間に大きな肉を食べてしまった。

その後、犬は私が何をしても、吠えなくなった。私は車道まで歩いて出た。そこから大木の楓を前景にして、岡本さんの邸宅を写真に撮った。その後、芝生の上に座ってみた。業者を入れて手入れされている芝生は、私の手首の丈の長さに統一されて刈られている。岡本邸だけではなく、どこもかしこも芝生は同様に手入れされている。

岡本さんは車庫から車を出し、私道をゆっくり進んできた。奥さんは助手席に座り、いよいよ出発の時を迎えた。

エリー湖まで二時間程で着いた。対岸は見えない。上空からでさえそれは見えなかったのだから、浜に立って見たところで、向こうが見える筈もないだろう、と思い直した。だが、それにしても、日本では経験のない光景である。海なのか湖なのか、全く見分けることができない。

水泳する多くの人々の姿があった。なま暖かい風が、私の頬を舐めるように湖面を渡ってくる。入り組んだ湖岸の突端に至る地点まで、民家が色とりどりに原生林の中に点在している風景が心に沁みる。

作家ジェームズ・フェニモア・クーパーは『アメリカ海軍の歴史』という本の中で、その昔、英米両国がこのエリー湖上で国威を賭けて激戦を交えたことを詳述している。スループ帆船が湖上を巡航し、双方の駆逐艦が砲撃を加えた情況を描き、アメリカ艦隊が圧倒的な勝利を収めた史実を、愛国の情を滲ませて書いていることを、私は脳裏に浮かべていた。

「鈴木さん、ちょっとこの水に手を入れてみて」

「結構冷たい水ですね。アメリカの五大湖の一つに手を入れたのは、生まれて初めてです。ナイアガラの滝では水しぶきを浴びながら小さな船で就航した経験はありますが、湖底の小石をこうして指で触れたり、掌に水を盛ったことはありませんでしたよ。ああ、いい気持」

「ははは、面白いことを言いますね」

岡本さんは余り大きな声を出す人ではない。満面に笑みを浮かべ、私の顔を斜に眺めながら、そう言った。

奥さんは湖面から吹き襲ってくる強い風が気になるらしかった。私達二人から急いで離れると、風の当たらない防風用のコンクリート施設のある方へ足早に歩いて行く。男二人は奥さんの後を追った。その後、岡本さんは腕時計を眺めた。そろそろ家へ帰って、夕方、野外音楽堂へ行く準備をしないといけない時間だね、と奥さんを促した。

「そうですね、ご飯は炊けていますので、おにぎりですとすぐに作ることはできます。でも、煮物をこしらえなければならないので、今から帰りますと、時間の余裕が出ますのでとても助かりますわ」

防風林を抜けると、すぐそこが駐車場であった。日本でよく見掛けるのと同様の松の大木が多い。赤松である。

高速道路を南進していて気が付いたが、アメリカの自動車道は道幅が格段に広い。片道だけで四車線どころか、場所によっては六車線も並んでいる場合がある。日本の国土の二十五倍もあるお国柄である。アメリカで車を運転する何人かの日本人に尋ねたことがあるが、例外なく、アメリカの道路の方が走り易いという。道幅が広いし、道路標識が丁寧に表示されていることが好評の原因であるという。

ところが、アメリカで車を運転する場合、選ぶ車は大抵の場合、日本車であるという。故障がほとんどない。安全性においてアメリカ車に遥かに優れている。中古で買って、一年間使った後に売ったら、買った時と同じ値段で売れた、等の話を聞いたことがある。

日本車について、何人かのアメリカ人に尋ねたことがある。私の友人やタクシーの運転手等、色々のアメリカ人に聞いた。大抵の人々は、日本車をベスト・カーであると賞賛する。乗り心地、安全性、経済性等、全ての点で日本車の優位性を強調する人が多い。

岡本さんの大型車はまだ新車同様のピカピカの車である。エンジン音は静かであるが、馬力に余裕があるらしく、発進時や追い抜きの時などに圧倒的な力が感じられる。

アメリカでこれだけ圧倒的な信頼性を勝ち得ているのだから、欧州、南米、東南アジア、アフリカ、中近東等つまり世界中至る所で、日本車は他国の車に優位性を保っているのかも知れない。

ニューヨークのタクシーの運転手に尋ねた折、仕事で乗るその車はアメリカ製であるが、自宅で自分が乗る車は日本車だ、と答えていたことも私は特に印象深く覚えている。

実際、今、こうして高速道路を走っている際に、窓の外を眺めて見ると、日本車が多いことは一目瞭然《いちもくりょうぜん》である。

アメリカではアメリカ車が多いに決まっていると、私は最初にアメリカへ来た折に考えていたが、実際には全く違っていた。

そんな雑然とした思いに耽っている間に、岡本さんの運転する車は、自宅の前で停まった。到着時間は午後三時であった。

3. 丘を駆け巡る楽音

夕刻五時十五分、岡本さんの車で、私達三人はブロッサム野外音楽堂を目指した。折しもこの日、クリーブランド・オーケストラを率いて、ヤッヒヤ・リングの指揮で、ピエール・ローレン・アイマールがピアノを演奏するという。曲目はベートーヴェンのピアノ協奏曲第五番『皇帝』ホ長調・作品七十三、それとムソルグスキー作曲、『展覧会の絵』であるという。二曲とも余りに有名で、昔は私も何度もレコードで聞き、今は専らＣＤで聞くが、演奏団体や指揮者に関しては、今回の面々で聞くのは初めてである。

広大な野外音楽堂であった。果てもなく続く駐車場の一番奥まった場所に車を置いた。そこから音楽堂までの距離が最も近い筈であった。弁当、飲み物、椅子、ゴザ等を三人で荷を分けて持つのだが、入口の切符切りの門へ辿り着くまででも、ちょっとした距離である。重い荷物を両手に抱えての歩行であるから、三人共、疲労困憊《こんぱい》の有様である。

私達が野外音楽堂の正面へ辿り着いた頃には、まだそれ程多くの人は来ていなかった。音楽を聞くための最も理想に近い場所を探さなければならない。果てもなく続く丘陵を芝生で敷き詰め、丘の頂上には立派な楓の木を並べて、遊歩道として整地してある。そこから下を眺めると、音楽堂を真ん中にして、手入れの行き届いた緑の丘の稜線が、見渡す限り左右に広がっている。ちょうど、お椀を半分に割った形の斜面が下へ広がっている。

この地は名にし負うクリーブランド管弦楽団のホームランドである。毎年、四十万人を超える訪問客に対して、音楽の夕べとして最高の味わいを提供したいとの熱い願望をもって、関係者は三十五年の絶えざる努力を重ねてきたという。二〇〇三年の春、多くの人々の協賛を得て、千七百万ドル（日本円にしておよそ二十億四千万円）の巨費を集めて建設されたのが、このブロッサム野外音楽堂であるという。その面積は八百エーカー、約九十六万坪である。

初期段階のブロッサム音楽祭は、六週間のスケジュールで行われたが、次第に企画が膨らみ、現在ではロック、ジャズ、カントリー・ミュージックその他の開催と結び付き、七月と八月の二ヶ月間に亘る、非常に大掛かりな祭典となっている。

音楽堂の建物の中には五千七百人用の座席が作られ、野外には一万三千五百人が視聴できるように設計されている。このブロッサム音楽堂はクリーブランド管弦楽団の母体、「音楽芸術協会」によって管理運営されている。

先程から岡本さんの知り合いの日本人が十名程集まって、久々に会った挨拶を交わし酒盛りをしている。岡本さんの奥さんは日本人家族の奥方と楽しそうに何かを話している。

ふと周囲を見回すと、音楽堂前の丘の長い斜面は世界各国の人々で、埋め尽くされている。英語が聞こえてくるかと思えば、すぐ隣からはドイツ語が聞こえてくる。中国人の口からは中国語が、すぐ後ろに陣取っているインド人からは英語ではなく、その人の土着の言葉なのだろう、聞き取れない言葉が聞こえてくる。韓国語も聞こえてくる。

日本人は威勢が良い。酒盛りが始まると、周囲の外国人が注目をしているのを尻目に、悠々と日本酒を交互に酌み交わし、顔を真っ赤にして楽しんでいる。

ここは音楽会であるから、まさか花笠音頭が口にされる気遣いはないと思うが、それにしても、声が少し高いと私の耳は感じていた。私は何度か周囲を見回した。外国人は大人しい。家族や恋人とやってきて、音楽を楽しみたいと静かに開演を待っている。日本人の少々高い声を気にしながら、私は隣のドイツ人家族をそれとなく観察した。

父親と母親に連れられてきた小学校四年生位の女の子と、まだ幼稚園に通っているらしい男の子が両親の傍らで本を読んでいる。父親は映画俳優にしても見劣りのしない、彫りの深い静かな表情で、寝転がって青空を見詰めている。眠ってはいない。奥さんは、子供の読む本の上に時々目を転じ、微笑しながら、何か食べ物を時々子供に与えている。

その時、どこかでアラーム時計を鳴らした人がいた。野外の広漠とした丘の斜面を、その幽かなピー、ピーと鳴る音は止む気配がない。音楽が始まったら、誰かが注意をすることになるだろう。そう思いながら私は岡本さんの奥さんから注いで頂いたワインを口にし、結構、良い気分に浸っていた。

私は先程から、隣で仰向けになって青空を仰いでいるドイツ人家族の、特に父親に注目をしていた。驚いたことに、その父親は、サッと起き上がると、私の顔をちょっと見た。その後、首を少し斜にして、再び前方へ視線を遣り、数秒間身動きしないで、耳を澄まして何かに聞き入っているようであった。

次の一瞬、私の目を見て微笑を浮かべ、英語で私に問い掛けた。

「貴方は何かリュックサックの中に、うっかりと忘れたまま入れていませんか」

私は何のことか、さっぱり要領を得なかったので、もう一度、言ってくれませんか、と問い質《ただ》した。すると、その父親は、彫りの深い、男優のような顔を私に近付けて、こう言った。

「アラーム時計の音は、貴方のリュックサックの中から聞こえます」

私はたちどころに否定をし、私はこの中に時計を持ってきてはいません、と応答した。その父親は首を傾げて、再度、顔を前方へ向け、恐らく耳を研ぎ澄ませ、気持を私の方に集中していたのであろう。それから三十秒も経っていなかったかも知れない。その人は、私の正面に顔を向け、言った。

「申しわけありませんが、貴方のリュックサックを開けさせて頂いても宜しいでしょうか」

「ええ、どうぞ」

ああ、何ということであろうか。そのピー、ピーと鳴る音源は私のリュックサックの中にあった。その父親は、高らかに私の目覚まし時計を片手に取り上げ、私の目の前にそれを示し、微笑を浮かべながら、こう言った。

「先程から聞こえていた小さな音は、この時計からでしたね」

周囲にいたほとんどの人々が、私達の会話を聞いていた。先程から騒いで目立っていた日本人も皆、私とその父親との話の成行きに注目をしていた。

私は自分の目を疑った。自分のリュックサックに目覚まし時計が入っていること自体が、不思議だったからである。酔いの回った私の記憶が緩慢《かんまん》に戻ってきた。

日本を出発する時、妻が会議に遅刻してはいけないので、その小さな目覚まし時計を入れておきますよ、と言っていたことを思い出したのである。

「これは大変に済まないことを致しました。自分の物であるのに、私は迂闊《うかつ》にも、そこへそいつを入れておいたことを忘れていました。恥ずかしいことですが、今の今、貴方に指摘されるまで、あのピー、ピーがまさか自分の持つ時計から発している音とは気が付かず、非常にご迷惑をお掛けしてしまいました」

その父親は、奥さん共々、私の顔を見詰め、友達のような表情を浮かべると、今度は私を慰めるのだった。

「音が小さかったから、傍にいる私にもよくは聞こえませんでした。でも、耳を澄ませていますと、どうしても貴方のリュックサックの方から聞こえるものでしたから、勇気を出してお聞きしました。それにしても、音楽が始まる前に解決できて良かったですね」

これで二度目である。自分の持ち物を、私以外の第三者の目で確認されたのは。ニューヨークのケネディ国際空港から出て、バスに乗った際に、乗車券を拝見しますと車掌に言われ、私はそれを持っていない、発券して頂いた覚えはない、と断言した直後、その車掌は私のパスポートの中からそれを取り出して見せたことがある。

野外音楽堂で寝転ぶドイツ人を私はそれとなく注目していたのは、その表情の静かさと、紳士然とした体全体の雰囲気が、特に私の注意を惹いたからであった。

ところが、その男が静かに寝そべっているように見えた実の理由は、正に私のリュックサックの中にあったのである。ピー、ピーという音は非常に幽かな音であった。時計はリュックサックの一番下に仕舞い込まれ、その音は幾重にも遮蔽《しゃへい》されてしまっていた。私は自分の時計から、よもや目覚ましの音が発信されているとは、ゆめゆめ想像できなかったのだ。

私がその父親を注目していた以上に、その男は私に注目するはっきりした理由を持っていたわけである。私に話し掛ける切っ掛けを求め、確認の時を待っていた。その紳士の確かな行動と機敏な動作に加え、丁重な態度に私は畏敬《いけい》の念を抱いた。

辺りに夜の帳《とばり》が降り、音楽堂に管弦楽団員が勢揃いした。指揮者を入れて、総勢何と百二十名の大編成である。団員の中に日本人が一人混じっている。

腕時計を音楽堂の周囲の光りに翳《かざ》して見ると、八時に近い。間もなく開演の時を迎える。ヤッヒャ・リングという指揮者はシンシナティ、フロリダ、インディアナポリス、カンザス・シティ、ミネソタ、北カロライナ、サンディエゴ、ストックホルムをはじめ、フィラデルフィア・チェンバ・オーケストラ、ジュリアード・オーケストラ等を率いて演奏をしてきた歴戦の実力者である。名前もつとに有名な指揮者である。

もともとは、台湾出身で、同国立交響楽団名誉指揮者の称号を合わせ持ち、指揮者としては二十年の経験を持つ人である。ベルリン、中国、香港、ライプチッヒ、モントリオール、オランダ、上海、シドニーをはじめ、東京読売交響楽団でも指揮棒を揮った程の人である。その実力たるや、燦然《さんぜん》たる輝きに包まれていて、世界的にも稀な、才能豊かな人であることは間違いない。

椀型の底部に位置する野外音楽堂で、満場の人々の拍手を受けた直後、豊かなメロディーが流れてきた。ベートーヴェンの『皇帝』はこれまで何度も聞いたことのある曲である。ところが、広大な丘陵に多くの人々が集まっているので、大編成の豊かな音量が適度に反射と吸音のバランスも程良く自然調節されている。中空遥かな丘の上を伸びやかに駆け巡る音となり、跳ね返って人々の頭や体の隙間から抜け出るようにして私の耳に達するのである。その音曲には不思議な深みと美しさが伴っている。

その日の主なる曲目は、ムソルグスキーの『展覧会の絵』であった。大編成の演奏に誠に相応しい音楽である。丘の斜面を這うようにして立ち上ってくる洪水のごとき楽音が、指揮者の棒の先に集まったエネルギーと共に、百二十人全員の各々の器楽の動きに合一して、一つの生き物と化し、それが丘の斜面を下から上へ這い上がり、天空を疾駆《しっく》した直後に、再び地上へ畝るように、音のはっきりした塊となって、伸び迫ってくるのであった。

これ程の音の深みと明解さとリズムの伸びやかな音楽は滅多に耳にできるものではない。これまで何度も聞いたことのある曲が、大自然の意匠によって、全くこれまで聞いた経験のない、特大深淵な別の音楽の贈り物となって聞こえてきた。

演奏が終わった。割れるような拍手とはこのことであろう。満場の拍手というのは、多くの場合、音楽会場の建物の中で言う場合が多い。しかしこの場合、音楽堂の中の約五千七百人に加えて、丘の斜面に座っている一万数千人の人々の拍手が加わる。

立ち上がって声を限りに叫んで指揮者を賞賛する人、口笛を吹く人、何かを叩いて、感激を表そうとする人々等、音楽的感興からくる興奮の声や叫び声が広大な丘の上を飛び交っている。楽団員は黙って立ち尽くして、聴衆の声に耳を傾けている。

米粒大の団員の表情は丘の斜面からは見えない。だが、見えなくとも、その場の情況を正確に私の肌が感じ取っている。

音楽堂の中に座っている人々のみが音楽を堪能したわけではないだろう。大自然のリズムと空、木立、風、小鳥の声などの混ざった音楽を楽しんだ丘の上の人々が、この日の交響楽団の演奏を聞き間違えたとは言えまい。

私はこの日の音楽会を味わい深く記憶することになった。つまり、壮大な自然のリズムの中で、私はこの日、音楽の楽しみを心深く味わうことができた。

翌朝、岡本さんの奥さんに作って頂いたおにぎりを二つ、紙袋に大事に入れて、車で空港まで送って頂いた。早朝の六時半に空港へ着いたのだから、岡本さんも私一人のために大変なエネルギーを注いで下さったことになる。このおにぎりを作るために、奥さんは五時に起きて下さったらしい。申し訳ない気持で一杯である。

その大事なおにぎりが、空港の検問で引っ掛かった。

「その紙袋に大事そうに持ち運んでいるものは何ですか。中を見せて欲しい」

「私が特別に大事にしているものだから、下に落とさないように願いたい」

空港の職員の目が輝いたことを私は見落としはしなかった。私は尚も言葉を続けた。

「これは、臭いの強いものです。多分、驚かれるかも知れません」

中身を確認した職員は、梅干しの強烈な匂いに鼻を突かれたようである。ひとこと言った。

「行って良いです」

私がボストンに滞在している間、下宿先の夫妻との会食の際に、日本の梅干しを出したが、強烈な臭いが鼻を突くと言って、とうとう口にして頂けなかった。同様に、ジム・ウォーレス一家でも、梅干しの旨さを強調して食べさせてあげたいと思い、試みてみたが、やはり結果は同じで成功しなかった。

日本人が梅干しを手にして、その香りを恋しく思うのは、食文化の伝統的な感性を幼少の頃から身に付けているからであろう。同じ物をアメリカ人の鼻先に持っていって嗅がせてみたら、反応が日本人と全く違うことは当然と言えば余りに当然のことであろう。

アメリカ国内の空港は、あの九・一一事件以降、通過が極めて面倒になっている。私は日本から来て、アメリカ国の社会と文化を心から愛して、慈しみをすら抱いて、このアメリカ国内を移動している。その自分が、身ぐるみ剥がされるように、感知装置の間を通り抜ける度に、ピーピーという音で、罪人同様の心理に陥れられることに、うんざりしていた。他の人は簡単に通過許可が貰えるのに、私に限ってはいつもきっと、ピーピーが機能してしまう。空港職員の顔に浮かぶ表情が、音が鳴るや、妙に輝かしく見えるのは、多分、私のひがみかも知れない。だが、そんなわが身を、半分哀れみ、半分、「冗談じゃあないよ」と居直るのも事実である。

そんな折、梅干しの入ったおにぎりの放つ、私にとって素晴らしい文化の香りが、空港職員をして、鼻をつまむ思いを味わわせることを知った。心なしか私は背筋が伸びる気持を覚えたというのが正直なところである。

4. ボストンの家

ペンシルベニア駅は、グランドセントラル駅と共に天下に名立たる一大ターミナルである。マディソン・スクエア・ガーデンの真下に位置する地下駅である。

列車の旅は愉快である。車窓から風景をゆっくり楽しむことができる。車中の人と話して旅の無聊《ぶりょう》を慰めることができる。車中でゆっくり食事ができるのも楽しみの一つだ。

私はボストン行きのアムトラックの切符を手に窓口の駅員に尋ねてみた。

「十時半のボストン行きの列車は何番線のホームから出ますか」

「そんなこと、判る人は誰もいませんよ」

この答えに、私は度胆を抜かれた。

「なぜそんな基本のことが判らないのですか」

相手の濃い顎鬚と黒縁の眼鏡を交互に見ながら、私は聞き返した。その駅員は肩を竦めるだけであった。私は同じ動作を相手に示して、その場を立ち去った。

私は質問の仕方を、頭の中で考え直すことにした。それで別の窓口へ近付いて尋ねた。

「列車の時刻等を教えてくれる窓口はどちらですか」

「この窓口の反対側のほら、あそこに見えるでしょう。あの電光掲示板の下へ行きますと、インフォメーション・センターがあります。そこへ行って下さい」

見ると、なるほど、丸い屋根の付いたオフィスがある。そこへ行って、列車の発車時刻、番線を教えて欲しいと言うと、そのオフィスの中にいた駅員は、黙って一枚の時刻表を手渡してくれた。それを見て自分で確認しろということだろう。礼を述べてそこを離れた。

乗車券に書かれてある列車番号と発車時刻はすぐに確認できた。ところが、その列車が何番線のホームから出るのかが、どうしても見当が付かない。総合案内所の電光掲示板の下へ行って、確認しようと目を皿のようにして眺めるのだが、一向に判らないのである。

電光掲示板の下には、列車の発車時刻と番線の指示を待つ人の群れで大変な混雑である。

私は不審を覚えて聞いてみた。

「ボストン行きの列車の番線はどのように確認できるのですか」

二人連れの紳士は首を傾げ、もう一人の紳士の顔を眺めて言った。

「貴方の列車は、発車までまだ一時間もあるので、あの掲示板には出ないのです。発車十分前頃になるまで、ここで待っているしか方法はありませんね」

ああ、近代的なニューヨークの何と暢気なやり方であろうか。私は唖然として声を失った。発車寸前になるまで、列車の発車する番線は判らないのである。駅員に尋ねても、これでは答えようもないだろう。

発車五分前頃に、電光掲示板に表示された番号を確認した人々が、番線毎に異なる入口へと一斉に動き始める。掲示板下の人の群れが絶えず動き、減ってはまた別の群れが加わる奇妙な現象の原因が、これで理解することができた。

日本の場合なら、列車の出発時刻は無論のこと、発車する番線でも必要なことの全てが、数ヶ月も前から、『時刻表』を買った瞬間に、いつでもどこでも確認することができる。

ニューヨークの場合、乗る列車の時刻と座席の確保だけ済ませておいて、後はその列車の出発数分前にその場へ行って、自分の目で番線を確認するしか方法はない。どちらが良い方法なのか、一概には言えないが、お国柄の違いには、全く驚く他ない。

何かの事情で私の乗る予定の列車が遅れているらしい。なぜ列車が遅れたのか、乗客には判らない。とにかく、電光掲示板に、「十五分遅れで発車」とのみ表示されている。その表示が消え、発車番線の数字が表示されるまで、人々は文句一つ言わない。掲示板のある広場で、黙って待っている。それは、私には経験のない、不思議な程静かで長い、出発前の光景であった。

私の乗る列車は十五分の遅れで、ペンシルベニア駅を出発した。

車輌の一番後ろに、テーブルの付いたゆったりとした座席があった。そこへ座った直後、隘路《あいろ》を挟んだ反対側の、同様にゆったりしたテーブル席に座っていた女性が大きな声で私に向かって、挨拶の言葉を投げ掛けた。

「ハロー、素晴らしい眺めね」

見ると、六十代半ば頃の、白髪瘦身《はくはつそうしん》の美人である。少しきつい化粧をしているが、身だしなみは抜群に良い。白色のワンピースに派手な紫色のスカーフを首に巻き、テーブルの上には分厚い本を開いたまま置いてある。クッキーらしきものを紙皿に載せて、人差指と親指で上品に摘まんで食べている。一人旅のようである。

「どちらへ行かれますか。私はこれからボストンへ参ります」

「あらっ、同じですわ。ボストンは良いわね。私はニューヨークで育ったの。この街を離れることがなかなかできなかったのですけれど。十年間、ボストンに住んだの。あの街にはニューヨークとは違った魅力があるのよ。貴方は何かのお仕事で行くのでしょうね」

「はい。調査の仕事があって、ボストン市内でしばらく滞在する予定です」

その初対面の婦人と、これだけの言葉を交えて私は黙った。その婦人が本を読む人であると、一見して判ったので、私は邪魔をしたくなかった。

車窓から眺める光景は、人々の日常の断片を、映画の無数の場面のように、次々と私の目の前に繰り広げてくれる。私は興奮を覚えながら、窓の外を食い入るように眺めた。

空腹を覚えたので、列車に乗る前にデリで買ってあったクリームパン一個とジュース、それに食後のデザートとしてバナナ一本と少々の葡萄《ぶどう》を取り出した。向側の婦人は私の食べ物を眺めると、「まあ、美味しそう！」と驚いた風の言葉を発し、前の車輌へ何かを買いに行ってくると言いながら立ち上がった。

後ろ姿も非常に均整の取れた女性である。顎が尖《とが》って、鼻筋が高く、両頬は口の筋肉へと急角度に結び、その線が顎へと連続するので、体の均整と顔の表情とがバランス良く整って、スラッとした感じの婦人であることは一目瞭然である。

学校の教師にしては少し洗練され過ぎている。どこかのオフィス勤めだとすれば、きっと社長さんに違いない。人を何人も使っていそうな感じがする。人に使われている女性ではなさそうだ。女優だろうか。そうだ、女優にしておこう。

やがて列車は終点のボストンサウス・ステーションに到着した。絶世の美人ともこれでお別れだ。

「楽しんでね！」（エンジョイ　ヨウセルフ！）

その人はそう言った。

「貴女もね」（ユー　トゥー）

私は短く言いながら、ここで別れたら、その人とはそれっ切りだろうと確信していた。

改札口にジム・ウォーレス教授の懐かしい顔が見えた。まだ互いに距離があるので、ちょっと私は気恥ずかしかった。にっこり笑った後、近付くまで、私は一旦視線を逸《そ》らした。ジムの前まで行った時に、荷物を下へ置いて、私は両手を広げた。

「再会できて良かった！」

ジムはそう言いながら、私を抱いた。

「二年振りですね」

十年前にクーパー学会で幹事として、私の世話をしてくれたのを機に、ジム一家とこれ程深い付き合いになるとは、思いも寄らなかった。

久し振りに会ったためかジムは、相好を崩して私に旅の疲れはないかと慰めた。私も懐かしさが胸の内に込み上げてくるのを強く覚えていた。疲労を覚える暇がない位に、貴方に会えた喜びで一杯である、と答えた。

駐車場から出た車は市内を走り、ジムの自宅へ向かった。大事に乗っている日本車である。エンジンの音も快調に、市内の繁華街を走り抜けた。

二十五分程走ったろうか。車はジムの家の前で止まった。

ワシントン・ストリートという名の大通りに面した一角に、ジムの家はある。通りから玄関まで続く階段の脇に、紫陽花がたくさん咲いている。日本のわが家に咲くのと同じ、青紫色や淡紅色《たんこうしょく》等の大きな半球の形をしている。

真っ白に塗られたドアの前に立ち、久し振りにベルを押した。出迎えたのは、長女のクラリッサだった。九月に高校生になったという。驚く程の美人になっている。案内してくれるクラリッサについて行くと、キッチンで忙しそうに働いているエリザベスが急いで私の所へやってきて、懐かしいと言いながら私を抱いた。すぐ横に控えていた、中学二年生になったばかりの息子のイアンが恥ずかしそうに私を抱いた。クラリッサがここで私を抱き、これでウォーレス家の全員と再会の挨拶を交わした。

ジムはすぐにキッチンへ入って、ベスと一緒にディナーの準備を手伝う手筈であったらしい。ウォーレス家でも、夫はキッチンに立って、妻と共に食事の準備をするのがしきたりだ。

パンに豊富な野菜を挟んだ、手作りのサンドイッチを頂いた。温かい落着いた家庭の雰囲気の中、オーストラリア産のワインが美味で、旅の疲れも吹き飛んでしまった。

もイアンも、共に落着いた成長を見せている。イアンは日本語をいよいよ本格的に勉強しているらしい。私との会話にも、大変深い関心を示し、時折、片言の日本語を話そうとする。

息子のそんな日本語熱を親のジムもベスも温かい眼差しで見詰めている。一家全員が、日本語や日本の文化に関心を深めている様子が私には殊の外嬉しい。

「タイスケ、食事を始める前に日本人は何と言うのですか」

ベスの私への質問である。私はイアンの顔を見た。

「イアン、私に言わせないで、君が言ってくれないか」

私がそう言うと、イアンは嬉しそうな、同時に恥ずかしそうな表情を浮かべて、私の目を見た。

「いただきまーす」

イアンは、語尾をやや長目にして発音したが、正確な発音であった。

「今の発音で正しいのですよ。それでは、もう一度、皆さんで、揃って言いましょうか。いち、に、の、さん」

「いただきまーす」

ウォーレス家の人々に温かく迎えられ、食後のデザートに葡萄を頂き、食堂から居間へ移って、半時程のお喋りをした。翌年の夏に家族で日本へ行く話題で盛り上がった。日本の歴史、文化、地理等をかなり総合的かつ手際良く英語で説明してある日本紹介書がボストンのどこの書店でも手に入るという。家族全員が何らかの日本に関する本を一冊ずつ読んでいる姿に、私は感心した。

「日程はどの位の期間を予定しているのですか、ジム」

「ちょうど、二週間」

私は少し滞在期間が短いかなと思ったが、別の角度からベスに尋ねた。

「来年の日本旅行のテーマは何ですか、ベス」

「日本の女性の生活を考えてみたいのよ」

「そうくると思っていたね。ベスの研究テーマだからね」

「僕は能が見たい」

イアンが言うと、

「私は歌舞伎よ」

クラリッサはすかさず、隣の席から言葉を放った。

ジムもベスも、子供が成長しつつある姿を私に見て貰えて、満足そうな面持ちである。

「タイスケ、貴方の下宿先へご案内します。もっとゆっくりここで話していたいのだけれど、私達はいつでも会える。貴方は先方とは今日が初対面だから、時間を守って会いに行く方が良いと思う」

再びジムの車に乗せて貰うと、私の滞在予定先の家までは僅か五分であった。

静かな舗装道路を西へ向かって上って行くと右側に、その家はあった。地上三階建ての大きな家である。家の隣に楓の大木があって、それが目印になる。

車から降りて、八メートル幅の広い道路に立って眺めてみると、玄関先に紫陽花が見事に咲いている。ジムは呼び鈴を押した。

足を踏み鳴らして長い階段を降りてくる人の足音が聞こえた。下宿先の奥さんであるジュディス・ウッドラーフが姿を現した。

「予《かね》てお電話を致しましたジム・ウォーレスです。お電話でご紹介致しましたスズキさんにご一緒して頂きました。どうぞ宜しく」

「まあまあ、ご苦労様でした。すぐにご案内致しますわ」

大きな体躯《たいく》の婦人は、玄関先から右へ廻り、私達を先導してくれた。

私の滞在予定の部屋は、地下にあるらしかった。階段を下りていくと、入口に向かって左側に、電気洗濯機と乾燥機が置いてある。すぐ横に、パソコン一式が据えられてある。通路の反対側には、壁面に幾つもの書棚が据えられてあり、万巻の書物がずらり並べられてある。書棚の隣を見ると、今は聞かなくなったＬＰレコードが二千枚程もあろうか。これで大体、この家の夫妻の職業と生活の一端を理解することができる。この家のオーナーは間違いなく、学校の教員であろう。私は頭の中で、密かにそう断定した。

「この洗濯機、乾燥機、パソコンをどうぞお好きなだけお使い下さい。運動不足を感じられたら、この入口前にあります据え付けの自転車で、足腰の運動をなさっても結構ですよ」

部屋の中へ入ると、そこが台所で、日本間に換算すると十畳程もある広い部屋である。大きなオーブンが壁面に据え付けられている。反対側には特大の白塗りの冷蔵庫がある。その右隣が流し台で、料理台と一つに繋がっているので、料理し易いだろう。

突き当たりがバスで、日本のわが家の二倍もある浴槽、大理石仕様の洗面台、トイレがひと組に設計されている。奥まった空間には書棚が取り付けられていて、二十冊程の本が置いてある。

洗面室を出て左側に、十畳程の寝室があり、大きなベッドが壁面に並べられている。一見して女性の部屋であることが判る。大きな鏡台、タンス、勉強机、センター・テーブル、長椅子が一脚、一人用肘掛け椅子が二脚、部屋の両隅には人の背丈程のサイド・ランプが置かれてあり、スイッチを入れると、十分に明るい白燈が点いた。

その部屋を出て左奥は、二十畳程の広い居間である。書棚、テレビ、勉強机、大きなベッド、ステレオ装置、整理棚等が壁際に整然と置かれてある。部屋が大きいためか、圧迫感を全く感じない。書棚には多くの書籍が詰まってあり、その隣にレコードがたくさん並んでいるのは、他の部屋と同様である。

「これらの部屋をどうぞ、使い易いようにご自由にお使い下さい」

ジムは声を上げた。

「広い空間とベッド、これだけでもタイスケには十分だね」

「はい、言うことなしです」

私はこれから自分が住むことになる三つ続きの大きな部屋を眺めた。月額七百五十ドルの家賃を払い、ボストンでの生活はその日から始まった。

二　静かなキャンパスで

1. ボストン・カレッジ構内で

ボストン・カレッジはボストン市の南端に位置する。この地に大学が創立されたのは一八六三年であった。以来、幾星霜の発展を続け、現在では高等教育機関として全米でも名高い大学として知られている。ボストン郊外のチェスナットヒルにある校舎に八千九百十六名の学部学生と、四千六百七名の大学院生を擁《よう》し、学生の出身地は全米五十州と八十ヶ国におよぶ世界各国に亘っているという。

ジェスイット派の牧師によって創立された当時、大学の敷地はささやかなものであった。もともとサウスエンドの地に建てられた校舎は付属の高等学校と同じ敷地にあり、段々手狭になったので、創立五十周年時点でチェスナットヒルの現在の敷地へ移転したらしい。現在、二百エーカー（約二十四万坪）の敷地は郊外の住宅に囲まれ、隣接する敷地に四十エーカー（約四万八千坪）の敷地を加えることになり、新たにニュートン校舎が建設され、ここには学部の教室、寄宿舎、運動競技場、学生用の多目的施設等が建てられている。

学部は全部で五学部に亘り、教養学部、教育学部、法学部、経営学部、看護学部等がある。中でも教養学部は内容が多岐に亘り、人文科学の全域に亘って学科が開かれている。教師陣もその分だけ裾の広い陣容で固め、英文科だけを考えても五十五名が名を列《つら》ねており、非常勤講師を加えると八十名近くになるという。

ジムとベスが名を列ねているのも、教養学部の英文科である。教養学部だけで学生数はおよそ二千であると聞いている。広大な敷地に学部・大学院合わせて、総勢一万三千名を超える学生の集まるキャンパスである。

ジムは私をこの大学に短期間、共同研究の目的で迎えてくれた。

夏休み中であるため、構内は静まりかえっている。木立の茂る葉の間から、夏の太陽が眩しく輝いている。校舎と校舎の間に細い舗装道路が続いている。楓の大木が目立つが、何本かの桜の老木が目に入った。枝振りの見事な桜である。

「ジム、ベス、一般のアメリカ人はこの桜の花を愛《め》でる習慣はあるのですか」

ほとんど同時に二人は応じた。

「四月になると、皆さんがこの桜の花びらに感動している姿を見るし、私も好きです」

「ワシントン特別地区の桜というわけにはいきませんけれど、ここの桜も大変に綺麗なの」

ジムとベスは交互に桜の美しさを称えて言った。

「日本人は桜の花の下で、酒盛りをし、カラオケの歌を歌ったり、踊ったりしますが、そんな光景を見たことはありますか」

「そういうことはないね。桜の花の下で、日本人は踊るのですか」

「踊るよ。こうしてね」

私は手足を使って、うねる大波の動きを示し、頭の上に両手で半円を描くようにして、日本の盆踊りで踊る『佐渡おけさ』の真似をした。辺りに人の気配がないことを良いことに、私は平気で踊った。ジムとベスは大変に可笑しがった。

研究棟のカーニー・ホールを出て、北に向かって百メートル程歩くと、石段が三、四段あり、少し上った所に高い堂々とした建物がある。それは外から見ると、高層の教会建築である。塔の天辺に釣鐘《つりがね》があって、毎時、正確にガラン、ガランと構内のどこにいても聞こえる大きな音で、授業開始と終了を告げる鐘が鳴り響く。現在はそれは教会ではなく、講義棟として使われているそうだ。

そのガッソン・ホールの正面に公園風の木立がある。その向う側に、横に百メートル、正面から見ると三階建ての巨大な建築物がある。トーマス・オニール図書館だという。

ジムはベスと一緒にそこへ入って行った。私も二人の後を追うようにして、その大きな建物に入った。正面に受付があり、二人の職員がいる。

「図書館長が私を待っておられる約束になっています。英文科のジム・ウォーレスです」

ジムがそう言うと、受付の女性職員はすぐに電話で図書館長を呼び出してくれた。

数分程待ったと思う。すると、カウンターの奥から、顎鬚を生やした立派な体格の紳士が微笑を浮かべながら現れた。

「スズキさんですね。お目に掛れて嬉しいです」

「初めまして。タイスケ・スズキと申します。この度、共同研究で、ジム・ウォーレス教授のお世話でこちらの大学で色々と調査研究並びに、授業研究等をさせて頂くことになりました。どうぞ宜しくお願い致します」

「それでは、パスポートを見せて下さいませんか」

私は請われるままに、リュックサックからパスポートを取り出して紳士に手渡した。紳士はそれをセンサーにスライドさせた後、私に日本の住所、電話番号等を尋ね、それをコンピューターに読み取らせているらしかった。

「今、入力を済ませましたので、ちょっと待っていて下さい。スズキさんは、こちらは初めてですか」

身の丈が二メートルを超える程の巨漢の紳士は、背広姿でしゃきっとした身なりである。黒ぶちの眼鏡の奥で、穏やかな表情を浮かべて私に尋ねるのだった。

「この大学の建物の中へ入るのは、今回が初めてです。ボストン市へはこれで四回目です」

「ああ、そうなんですか。良いご研究ができますことを、お祈り致します。それでは、カードのご準備ができましたので、どうぞお持ち帰り下さい。何かお困りのことがありましたら、いつでもお申し出下さい。力になりますよ」

「どうもありがとうございます」

私達は一旦外へ出た。今し方手渡されたばかりのカードについて、ジムは私に説明した。

「このカードがあれば、本を何冊でも部屋へ持ち帰って読むことができます。四、五ヶ月は借り出すことができるからね。それにね、これはタイスケだけが持つ証明書の代わりにもなる。何かあった時、大学当局の係の人にこれを提示すれば、タイスケの身分は証明されます」

「タイスケ、良かったわね。これで何もかも安心よ」

私はジムの配慮に感謝した。可能な限りの力を私のために尽してくれたのだ。

その日、図書館で調べものをし、そこを出たのは、夜の八時ちょうどだった。街灯が夜道を照らし、上弦の月が南東中空に大きく掛かっている。昼間の内は工事中の現場から鉄骨を打ち込む音が喧《やかま》しかったが、この時間に聞こえる音と言えば、キャンパスを後に帰宅しようとする大学関係者の車のエンジン音か、あるいは草葉の陰で鳴く虫の静かな合唱位である。夏休み中であるから、構内を歩く学生の姿はほとんど見掛けない。

広大な構内を出て石段を幾つも降りて、電車通りまで出ると、明るい街灯が点けられている。街路を走行する車はヘッドライトを点じて走っている。帰りのラッシュアワーの最後の頃合を迎えているようだった。

運動のために私は下宿先まで歩いてみた。四十五分程歩くと、下宿先のすぐ近くにあるスーパーマーケットへ辿り着いた。日本の食品を探し、コシヒカリと銘打った米、麺類、醤油、豆腐、納豆、野菜など、一週間分の食料を買って部屋へ戻った。

鍵を開け、地下への狭い階段を腰を屈めるようにして降り切った瞬間、私は異変を感じた。辺りは真っ暗で、一切の光がない。電気という電気が一つも点いていないのだ。

手探りで自分の部屋まで、時間を掛けて少しずつ暗中模索の状態のままに進んだ。

何とか部屋へ入って辺りを見回したが、一切の光が見えない。漆黒《しっこく》の闇の中で、私は椅子に座るのみである。

私はラジオを持っていない。懐中電灯を持っていない。私は聞き耳を澄まし、上階の人々の動静を窺った。どの部屋も静まり返っている。街路の方向に耳を澄ませ、家の外の様子に注意を向けてみた。

誰一人声を出そうとしない。街全体がまるで死んだように静まり返っている。猫を飼っているという大家さんの話であったが、猫の鳴き声、犬の遠吠え一つとして聞こえない。

二時間、私は暗闇の中でじっとしたまま時を過ごした。突然、電気が点いた。一階の人々の声が聞こえた。街路に出る人々の気配が感じられた。テレビのスイッチを回してみた。

ニューヨーク中が真っ暗の闇の中で、街路に人々が溢れ、旅行者が駅ビルの中や周囲に溢れ、通勤者が帰宅できない状態であることが報じられている。

「ブラック・アウト」という言葉が聞き取れた。どうやら、広域に亘る停電らしい。二年前の九月十一日に起こった惨劇の悪い記憶が甦った。空港、大きな駅、デパート等、多くの人々の集まる場所では厳戒態勢が敷かれているという報道も一部にあるようだ。

部屋が明るくなった途端に、上階が賑やかになった。一階に住む人々は、急に愉快になったと見え、歌を歌い始めた。ギターの音に合わせて歌う声が聞こえる。四、五名の男性に混じって女性の綺麗な声も聞こえる。

何か私には判らない打楽器の音も聞こえる。人々の歌声は陽気で、メロディーは限りなく明るく、その声は高い調子で伸びやかである。アメリカの歌とも思えない。私には見当もつかない。

翌日、大家さんに聞いてみると、一階に住む人は作曲家を中心とする大家族で、ブラジル出身の人々だという。まだその人々の顔を見たことはないが、作曲家自らがギターを片手に歌を歌い、息子や友人と一緒に、合唱をすることが多いのだという。

一風変わった人々の集まる大きな家が、私の滞在先として選ばれた。何とも不思議な縁である。

2. 調査研究の喜び

私はボストンで生活を始めるに当たって、三つの生活目標を日課とすることを決意した。第一に、ボストン・カレッジへ行かなければ実現できないことに集中して仕事をすること。第二に、日本へ帰った後、ボストンでの研究成果を人に客観的に示すこと。第三に、ボストンの風景を深く自分の内側へ取り込んで、記憶すること。

第一の目標を実現するために、私は夏休み中でも構わずに毎日、大学の図書館へ通うことにした。第二の目標を達成するために、私は今回の渡米に関わる全過程に関して、詳しい記録を取り続けることにした。第三の目標を実行するために、私は大学からの帰りの四十五分を、汗をかきながら歩こうと思う。

ボストン・カレッジでは授業は夏休み中であっても、図書館は毎日開かれる。開館時間は非常に長い。朝八時に開館して、金、土曜日には夜の九時まで開いている。それ以外の日は、夜の十一時まで開いている。日本の場合に比べて、驚異的な運営方法だ。

夏休み中の開館時間がこのようであるということは、そこを利用する学生や研究者の需要がそれだけあるということである。

私は夏休み中、ボストン・カレッジの図書館へ通って痛感したことがある。毎日、学生が通って、図書館で本を読んでいる。多くの数ではないが、とにかく学生が本を読んでいる。それに加えて、一見して教師風の人々が引きも切らずに入館して、何か資料を探したり、文献を読んだりしている。

　需要があれば、図書館側もそれに応えようとする。図書館がこれだけ長い時間開館していれば、学生も教師も、調べ物をする場合、時間の制約を余り気にしないで、かなり纏まった時間を図書館で過ごすことができる。

　相互の都合が適合して、図書館は文化の創造、研究の後ろ楯、大学と社会との掛け橋となって貢献するところが極めて大である。

　因に、ボストン・カレッジの図書館への入館は、一般人も出入りが自由である。入館時に身分証明書の提示を求められることはない。そこで、ある日、私は尋ねてみた。

「ジム、ちょっと聞きたいことがあるのだけれども、良いですか」

「どうぞ」

「誰でもが図書館への出入りが自由ということは、浮浪者でも自由に入館できるということですね」

「恐らく、浮浪者であると確認されない限りは、自由に出入りはできると思う。だがね、実際のところ、その人が浮浪者である限り、図書館で本を読むことはない。だから来ない」

「大学当局は非常に、鷹揚《おうよう》に考えているのだね」

　驚いて、私は何も言う言葉を持たなかった。日本の大学の図書館ならば、入館証か何かそれに代わる身分証明書なり学生証なりを持つ人以外の出入りは、到底認められないだろう。どこの誰とも判らない人に、大学の施設を無料で提供する必要性を認めることは先ずないからである。

私はそんな驚きを内に抱きながら、毎日この図書館へ通い続けた。半年、一年という調査期間が私に与えられているならば、資料のみではなく、実際にネイティブ・アメリカンの住む居住地区へ入って、言語調査をしたいと思っていた。だが、今回は三ヶ月の短期間である。それで、今回、私は一点中心主義を通すことにした。それで、私はボストン・カレッジの図書館を、私の滞在期間中最大の調査の現場にしたいと考えた。

私は毎日、下宿で朝食を摂ると、前の日に調査した結果を纏めることに時間を過ごした。そうしていると、午前中は実に早く過ぎ去ってしまうのだった。昼食を自分の部屋で主に麺類を食べて済ませ、私はいつも決まった時間にストリートカーの停留所、ワシントン・ストリートまで急ぎ足で歩き、その路面電車で終点のボストン・カレッジへ向かう。

午後一時から午後八時までの七時間は、実際、非常に短い調査時間であると感じる。毎夜、八時まで図書館に残って、私のしなければならない仕事は山程もあるのだ。

また、ニューヨーク・タイムズ、英国のタイムズ、ロサンゼルス・タイムズ、ウォールストリート・ジャーナル、シカゴ・トリビューン、ル・モンドの各紙を、毎日、組合わせを変えて読んだ。英国、フランス、アメリカでも各紙によって、随分と記事の取扱い方が異なる。経済中心、政治批評中心、宗教的な記事を中心として掲載する等、各々の新聞によって、それぞれ得意の分野がどんなものであるのかを、直に感じ取ることができる。

毎日、私は限りない興奮を覚えた。詳細なメモを取りながら、私は精神を集中し、夢中になって色々の文献を渉猟《しょうりょう》した。

　夜の八時には、街灯に照らされたキャンパスを後にして、ストリートカーの走る街路に沿って下宿先まで歩いた。壮大な公苑の墓石に異国情緒溢れるものを強く覚える。商店街を歩けば、日本のそれとは随分と違う雰囲気があって、興味を惹かれる。スーパーマーケットへ入ると、商品の並べ方が日本と随分違う。レジに並ぶと、店員が客に向かって言う表現が耳に興味深く響く。それらのことを、頭に深く刻みながら、夜の帰り道を楽しむのである。

「ペイパー　オア　プラスティック」

　最初、それを聞いた際、私はその意味が判らなかった。プラスチックと聞いて、私は固いプラスチック製品を連想したからである。

「紙袋にしますか、それともビニール袋にしますか」

　野菜等スーパーで買ったものを入れる袋として、どちらが良いかを選ぶように尋ねられたのである。

　自らが買い求めた物の入った袋をぶら下げて、私は部屋へ帰るのである。部屋には、台所、食器等、必要なものは全て揃っていて、それらは私の自由な使用に任されているのだ。

　私が作るメニューは、ラーメン、味噌汁、ご飯、野菜の盛り合わせ、煮物等、私の舌に合うように料理するので、食べるものには全く困らない。スーパーで買う食材は新鮮かつ安い値段で買えるので、私は天に向かって感謝すべきである。

　食事を終えると、私はテレビのスイッチをひねり、しばらく英語に耳を傾けることが日課になっていた。

ある日、私はいつものように、大学から部屋へ戻って、食後の果物を食べながら、テレビに耳を傾けていた。実際のところ、様々なテレビ局で恐ろしく多様性に富む独自の番組を流している。どのチャンネルを選ぶかは、その時々の瞬時の好みで決まる。気ままなものだ。

ある音楽会の様子を放映している番組があったので、しばらく何の気なしに画面を眺めていた。

アンドレ・リュウという六十前後の背の高いバイオリニストがしなやかな手捌きで、見事な演奏をしている。

本人の剽軽《ひょうきん》でお茶目な動きも手伝って、会場を沸かせている。音楽会の会場は大変に大きなもので、二千名前後は入っていると思われる。

聴衆はその流麗な音楽に酔いしれ、体を前後左右に稲穂の揺れる様にも似て動かしながら聴き入っている。中には舞台のすぐ下へ出ていって、夫婦で踊る人々が何組も出てくる。地元アイルランド民謡をリュウが奏でると、会場の人々が一つになって歌い踊るのだ。管弦楽団とリュウとの息の合った演奏は、最高潮に達していた。

リュウは遂に舞台の上で大きな声を発したかと思うと、高く飛び上がって、舞踊を演ずる人のように躍りながらバイオリンを弾くのであった。

私はその音楽会の様子に見入っていた。やがて音楽は止み、舞台が静まった。舞台の袖の片隅から女性の声が聞こえてきた。高らかな調子で、リュウが使っているバイオリンは一六六五年製作のストラディバリウスだそうです、と説明をしている。やがてすぐ、その女性アナウンサーの顔がテレビの中央に映し出された。

私は呆然として画面を見詰め続けた。

それはまさしく、私がニューヨークから終点のボストンまでアムトラックに乗車した時に隣のボックスに座った、あの背のスラリとしたお洒落な女性であった。尖った顎、白い顔の表情、声の高い調子、張りのある抑揚をつけた喋り方の全てが、その女性のと一致していた。車中でその女性の名前を聞く機会はなかった。テレビでも明らかにされなかったので、そのアナウンサーの名前は今にして私には判らないままである。

その後、同じ番組を何度も鑑賞することができた。アムトラックで乗り合わせた、見知らぬ女性に数週間後にテレビでお目に掛かる好機を得て、私はボストンという街に急に深く惹き込まれていった。

ボストン・カレッジと下宿先の部屋を往復する毎日、帰途、四十五分を掛けて歩くことは、この街を私が好きになるための重要な日課であった。歩道を歩いていると、リスが街路樹を上り下りしている姿をしばしば見掛けた。私の孤独感はその光景で慰められる。街行く見知らぬ人々と、夕べの一時に一言の挨拶を交わす。スーパーで野菜と果物を買って帰り、自分の部屋で日本食の自炊生活をする日々に、私は深い充実感を味わっていた。

その夏の三ヶ月は私に与えられた短い研修期間であったが、その間に与えられたものは、私にとってはいずれも日本に住んでいる限り得難い程の貴重な中身に満ちていた。私は貪《むさぼ》るように、それらの好餌《こうじ》を毎日求め、味わい続けていた。

そんな私にも一つの課題が残っていた。それはアメリカの大学の現場で、授業はどのように進められているのかを、いくつかの観点から観察をし、分析をして、それを勤務先大学へ報告をする義務を負っている、ということである。

ボストン・カレッジに学生が戻ってくる時期は、九月初旬である。夏休み中は、ほとんどの学生はキャンパスに姿を現さない。構内を歩いてみると、学生の姿はいつもまばらである。図書館の出入り口付近で、人の出入りする光景が多少は見られる位である。キャンパスに学生が戻ってくるまで、後わずか一週間しかない。新学期が始まると、アメリカの大学での授業研究という課題が待っている。毎日、忙しくなるに違いない。その前に、ジョージア州へ従兄弟を訪ねてみようと考えていた。

3．ジョージアの丘に立つ

八月二十五日の早朝、私はジョージア州へ赴いた。従兄弟は某プラスチック製造会社の代表として、自社の製品をドイツ、東南アジア、南米、北米に拡張するための拠点を設ける任務を帯びてアメリカで活躍している。十年間のドイツ滞在を経た後、アメリカへ三年程前に移ってきた。中学校と高校に通学する二人の子供を伴って日本を出国したが、子供は両親の海外滞在中にすでに現地の大学を卒業し、社会に出て活躍している。子供が独立した今、従兄弟は妻と二人でジョージア州に滞在して三年目を迎えている。

アトランタ空港のロビーで待ち合せると、広太郎は私の顔を懐かしそうに眺めた。昔と変わらない柔らかく笑う目で、人の心を惹きつけて離さない。相手の心を安心させる目の光は、広太郎の生き方に深く共感させてしまう不思議な力に満ちている。

「広太郎さん、お久しぶりです。わざわざ、空港まで迎えにお出で下さいまして、ありがとうございます」

「ダイちゃん、ようこそアメリカへ。ようこそ、ジョージア州へ」

そう広太郎は私に呼び掛け、挨拶した。

ジョージア州はアメリカ南部に位置する。十五万平方キロメートルの面積だから、日本の北海道、九州、四国を一緒にした面積よりさらに広い。五十州の内、人口は十番目に多い。およそ六百五十万人である。

南北戦争を背景にこの土地を舞台に描いた小説『風と共に去りぬ』の著者マーガレット・ミッチェルは、アトランタに生まれた。広太郎は、私の文学趣味を察して、マーガレット・ミッチェルの住んだ家へ案内してくれた。グラント・パークへ行くと、アトランタ炎上をパノラマの壮大な光景で再現する「サイクロラマ」の真ん前に私を立たせ、南部奴隷州の文化と歴史的推移を感じさせてくれた。

また、黒人地位向上運動に指導的な役割を果したマーティン・ルーサー・キング牧師が銃弾に倒れたテネシー州メンフィスのモーテル再現の現場に、私は立った。余計な説明をするでもなく、黙ってその歴史的現場に二人は立ち尽くした。広い公園の一角に立って空を仰ぐと、真夏の熱風は、アトランタの丘の上から、日本人の訪問者をなぶるように、その熱い舌で舐《な》めた。

ジョージア州全体の人口はヨーロッパ系、アフリカ系の住民でほぼ二分されるという。けれど、アトランタに限っていえば、六十七パーセントがアフリカ系の人口で占められている。一九七一年にジミー・カーターは州知事に選ばれたが、六年後には、大統領になった。アトランタ南西に横たわるプレーンズの地で大農場を経営する背のすらりとした男が、満面に憎めない微笑を浮かべながら、全米の政治の舵取りを任されたことは世界中の人々が記憶しているだろう。カーター記念館へいくと、かつての大統領の輝かしい業績が、どの壁面にも満載の写真とともに展示されている。

ジョージア州レーン・ピーチ・トゥリー市という静かな郊外に広太郎夫妻は住んでいる。半日の観光を終えて、広太郎は私を自宅へと案内してくれた。住宅地の一画にある集合型アパートの玄関から、奥さんが迎えに出た。ふくよかな表情に笑みを浮かべて、私の旅の疲れを気遣ってくれる。

ひと風呂を浴びさせて貰い、旅の疲れを取る。その後、ひと休みしていると、ビールが出された。夕食まで少し間があった。

夕食に出されたメニューに私は感激した。納豆、海苔、味噌汁、野沢菜のお新香に野菜のてんぷら等、日本で食べるのと変わりのない食事に、私は言葉を失った。私の舌は和風仕込だ。しばらく味わっていない日本料理に、私は生き返った気分で感謝した。ほろ酔い気分の中で、自分の居場所が判らなくなった。早めに休ませて頂き、ベッドへ深く潜り込んだ。

翌日、ストーン・マウンテン公園へ連れて行って頂いた。広太郎の運転は慣れたものだった。アメリカで車を運転する場合、日本で運転するよりも、遥かに楽だという。信号が判りやすい上に、運転のマナーを心得ている人がほとんどだという。毎日、ゆったりした気分でハンドルを握っていると言うのだから、恐らく実際にアメリカで自家用車を運転することは楽しいことなのかも知れない。

ストーン・マウンテン公園に到着した。広大な敷地である。ゆったりした駐車場が何箇所にもある。

正面の山の頂きに、グラント、リー両将軍とジェファーソン大統領の巨大な肖像を、山肌を抉って浮彫りにしてある。これと同様に、山肌に彫刻を施した大統領の巨大な彫像は、ロサンゼルスでも見た記憶がある。恐らく、規模はいずれもほぼ同じ程の巨大な作品であり、数キロ以上離れた地点から眺めた方が、見栄えは良いのかも知れない。

その彫刻を右手に見て、左へ回り込んだ場所に、山頂へ上るためのロープウェイのゴンドラが客を待っている。私達二人はその小さな乗り物へ他の七、八名の乗客と一緒に乗り込んだ。二百メートルの山頂までは数分で着いた。ゴンドラから外へ出ると、不思議な感じを覚えた。岩肌が二百メートル四方程の広い高台となっている。巨大な岩山の頂上から周囲を眺めると、アトランタ市街地が真西に、群なすビルの塊となって遠く霞んで見える。

今、私たちが立つ岩は、それ一個で巨大な一つの山なのだというから不思議である。オーストラリアへ行くと、これよりも何倍もあるエアーズ・ロックがあるという。世界には不思議な物があるものだ。

再びゴンドラに乗り麓へ下りると、道端の紫陽花が風に揺れていた。ジョージアを去る前に、コカコーラ社で、無料のコカコーラ飲料をコップに一杯ご馳走になった。世界百四十ヶ国を征服した飲料である。喉越しを強い刺激で麻痺させる、その不思議な飲物に世界中の人々は負けたのだ。

4. 新学期の授業風景

九月一日は米国の多くの州およびカナダで、労働者の日（Labor Day）と定められていて、公共機関、学校、大学等は一斉休業日に当たる。したがって、ボストン・カレッジの新学期は翌日の二日から始まる。

ジム・ウォーレス教授のこの日の一次限目は、アメリカ文学演習の授業である。授業開始時刻は八時五十分なので、五分前に教師は教室に入室するという。学生数は三十五名前後である。小雨の降る日であったから、学生の出足は多少遅れているのかも知れないという。

定刻になった頃合を見て、教室内を見回すと、学生は多少戸惑っている様子である。なぜ日本人の私が教授と一緒にいるのかが判らないという表情である。

やがてジム・ウォーレス教授は声量も豊かに、私と個人的に話す時とは違って、発声の仕方に気合いを入れて話し始めた。

「さて、この授業を始める前に、日本からお見えになったスズキさんをご紹介致します。日本の大学で英語を教える方です。この度、スズキさんのお勤めの大学の研修で、本学で授業研究のためにご訪問されました。皆さんの授業をご参考にしたいとのお申し出により、これからしばらくの間、ご一緒に授業を参観されます。それでは、スズキさん、どうぞ一言、ご挨拶下さい」

学生諸君の視線は私の顔へ集中した。どの学生も、入学間もない顔に多少の緊張感を浮かべている。

「皆さん、こんにちは。ただいま先生からご紹介頂きましたスズキです。日本からやって参りました。皆さんの授業をご一緒に受けさせて頂き、アメリカ本場の授業を体で感じさせて頂きたいと思います。どうぞ宜しくお願い致します」

これだけのことを述べて、学生の顔を見たのだが、初対面であったためか、どの学生も表情が固く、言葉が出てこないのであった。

簡単な挨拶を終えた後、私は教壇から見て左側の最後部席へ座った。

学生の在籍数は四十名と教授は言っておられたが、実数は三十五名である。小雨の降る初回の授業であったが、女子学生が一人、数分の遅刻で入室し、その後に教室へ入ってくる学生は誰もいない。

新入生の学生は自分達がどんな教師に教えて貰えるのか、どうしたらこの教科の成績で最も良い評価を受けるのか、自分に果たして講義内容がよく理解できるのだろうか、等々の思いを内に覚えながら、教室内に座っているに違いない。

一方、授業を担当する側の教師も、どうしたら学生に理解して貰えるのか、どのように工夫したら、学生が授業に飽きないで九十分間熱心に聞いてくれるのだろうか、この講義科目のどこに学生は興味や関心を深めてくれるのだろうか。授業内容を深め、洗練された核心へと学生がたとえ数人であれ迫っていくように仕向けるには、教師の相当の力量と工夫が必要になるだろう。

さて、教室内に居並ぶ三十五名の学生は、講義要項を眺めることによって、年間の講義スケジュールに関してほぼ理解できるであろう。ところで、学生は自国の文学作品に関して、これまで系統的に読んできているとは限らないので、作品の本質を完璧に捉えて理解できているとは言えないかも知れない。アメリカ文学の発展的視野に立ってそれらの作家の本質と、作品のもつ社会的な意義付けを押さえておく必要がある。

この講義の目的も、その辺りにあるのかも知れない。教授は本論に入る前に、先ず文学とは何であるのか、という問いを発した。十名程の学生が一斉に挙手をした。まだ学生の名前を教授は覚えていない。そこで、教壇から降りて、学生の座っている机間に立ち、掌を学生の方へ向けて、最初に手を上げた女子学生の前に立ち、優しい微笑を浮かべて聞く。

「貴女ならば、文学を何と捉えていますか」

教授のこの質問に、その女子学生は答えた。

「自分の考えを述べることです」

すると、教授はにっこり微笑み、黒板の前へ引返して、その言葉をそのまま板書をする。キーワードとして、“Idea”と書いた。すると、別の男子学生がすかさず挙手をしたのを見て、教授は指す。

「日常の経験を他人に新鮮な感覚で語ること」

それを受けた教授は黒板へ再度引返して、“Retelling or Journal”と板書する。

次に、教授は文学にとって何か重要な要素を考えてみよう、と学生に思考の深まりを促す。ちょっとの沈黙を経た後、別の学生が最前列の席に座ったまま、大きな声で答えた。

「現実への鋭い観察の目が必要です」

この時、教授の目は光り、いきなり大きな声と強調したアクセントを伴って、発声した。

「今、非常に大切な観念が発表されました。正に、現実をどう見るかが大事です」

そう述べながら、黒板に今迄とは違う図を大きく書き出した。

教授は、何か書くべき中心の観念があって、それを書き連ねても作品としては成立しない、と述べ、作品として他人に読んで貰えるためには、現実への省察が必要となる、と強調

をして、“Reality”と丸で囲んで大書した。これだけでは作品としては、未熟であるに違いない。さらに重要な要素はないだろうか、と学生の顔を眺める。すると、私の横に座っていたアフロ・アメリカンの学生が挙手をして答えた。

「現実をよく見て、己の解釈を加えることではないかと思います」

すかさず、教授は黒板の図の右横に、「批評」と書き加えた。

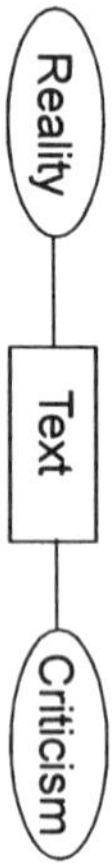

ここまでの経過時間を時計で計ってみると、およそ二十五分であった。教授は時計は一切見ないで講義を続けていく。

「さて、皆さん、それでは果たしてこれだけで文学作品として世間に通用するであろうか」

学生はそろそろ教授の話のテンポを理解し始めたようだ。より一層明解な観念へと到達したいと思い始めているらしいことが一見して明らかである。

最前列に座っている男子学生が挙手をして答えた。

「読者に読んで貰える内容にしなければならないと思います」

それは教授の頭の中で、キーワードとして押さえられていた言葉であったようだ。

「その通りですね。読み手に判って貰えることが文学作品を書く前提になりますね」

そう言いながら、図に書き加えた。

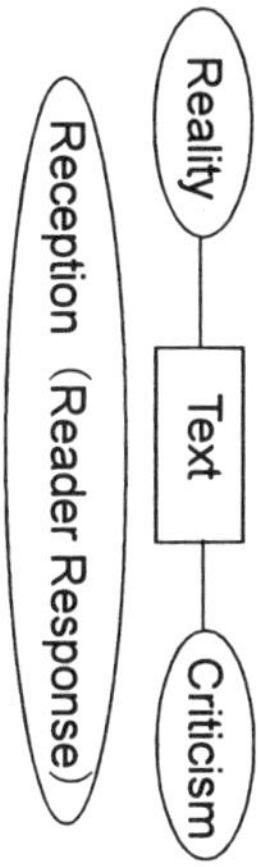

教授はここで、学生に考える時間を少し与え、自らは数秒黙った。次にゆっくり話した。

「それでは、この図のように文学作品が書かれたとして、具体的にヨーロッパでどんな作品がこれまで創作されてきたであろうか」

と、学生の頭を切り替える工夫に打って出た。

学生はすぐには挙手しようとしなかった。作品名を答えることができたとしても、内容に関して突っ込まれたら、説明をする必要性が生じるかも知れないという懸念が働いたからかも知れない。

教室の後ろの窓際席に座っていた女子学生が、ゲーテの名を挙げた。案の定、教授は代表的な作品とその簡単な説明を要求した。驚いたことに、その学生はドイツ語で作品名を挙げた。

「*Die Leiden des Jungenn Werthers*」

日本語の書名で言うと、『若きウェルテルの悩み』である。

「若き男女の恋愛と死に至る純愛を描くものです」

その女子学生は、作品の紹介として、自信の籠った返答をした。

すると、教授は深く頷いて、黒板へ戻り、先程の図の"Reality"のすぐ下に、"Mimesis"と書き添えた。

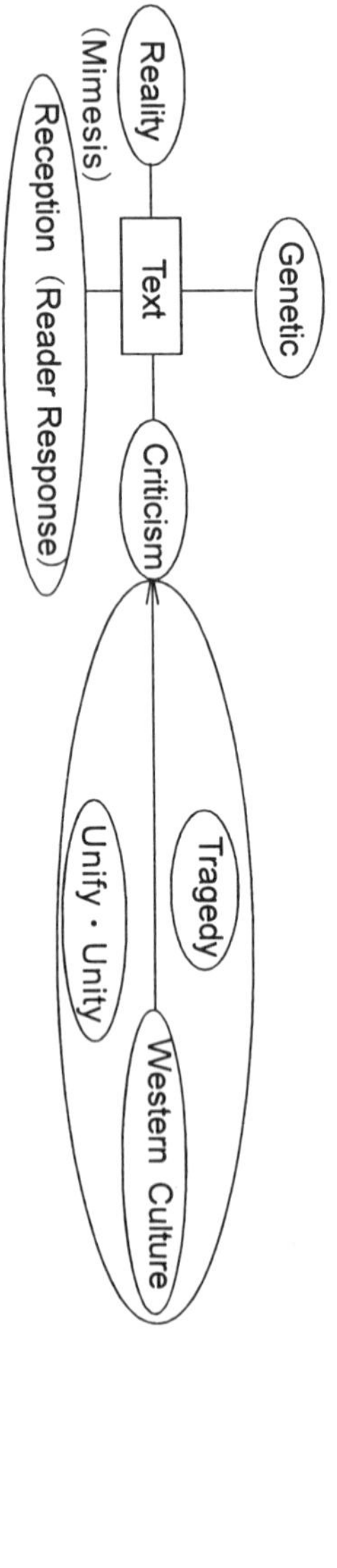

「つまり、小説というのは、現実を模倣することによって、真実を読者に向かって語るものなのでしょうね。加えて"Western Culture"の伝統に則って、"Criticism"の精神性を忘れることなく、"Tragedy"と"Unify・Unity"の観点から精神的深化を探って書かれたものの中に、世界的な名作があるのですね」

と言葉を継ぎ、その代表作家として、シェークスピア、チョーサー、ゲーテの名を挙げ、次にアメリカの作家の名前として、トウェーン、ヘンリー・ジェームズ、スタインベック等を挙げた。この説明を終えたところで、そろそろ、この授業の仕上げの段階を迎えたようであった。

ここまでの時間の経過を計ってみると、ちょうど四十五分であった。つまり授業時間の半分を掛けて、文学の本質の基本説明を終えたのである。日本における英米文学の授業でも、授業展開の相違はあっても、中身に大きな違いはないと言って良いだろう。

日本の授業では、教師は訥々《とつとつ》として一方的に講義を進める場合が多いが、アメリカの授業では、教師は常に学生の視線に立って授業を進めていこうとする。学生の言葉を重視し、それを教師が工夫し、洗練を加えて、授業の中身へと織り込んでいく方法を採っている。

授業中に居眠りをする学生はいない。学生は教師の話の中身について行こうと努力をし、教師も学生の立場を尊重しながら、結局は教師の考えている高位の視点に立って言葉を選択し、学生の知的満足の度合いを高める工夫が見られたのである。

教授は講義の半分の時間が経過した頃、黒板に向かって、非常に早い指の捌きを見せながら、次のようなことを書いた。

Colorless green ideas sleep furiously.（無色の緑色の観念がやみくもに眠る）

このように書いた後、いきなり中央最前列に座る男子学生の前へ歩いて行き、問うた。

「これは文学的な表現として成立すると思いますか」

学生は、何が何だかさっぱり判らないという様子で、首を静かに横に振るだけであった。

「誰かこれに関して、解説を加えてくれる人はいませんか」

教授は学生の顔を見回した。すると、今の学生のすぐ後ろに座っていた女子学生が、挙手をした。

「その言い方は、nonsenseだと思います」

すかさず、教授は同じ学生に質問を続けた。

「それはなぜだろうか」

やや時間を経た後、その学生は答えた。

「前後の関係を無視し、意味の成立を拒否している言い方だからです」

「その通りです。人に読んで貰えるためには、"Semantic Ideas"を持たせなければならないということです。つまり、社会的な意味を形成する観念を持たせなければならないのですね」

と話をもっていく。

「文法的な配置は正しくても、文意が通らないと、文学作品にはなり得ないのですね。言い換えると、文章の意味は、"Syntax"からくるということを押さえておきましょう。ゲーテの作品では、"Tragic Hero"が作品中で経験することを、読者の誰もが理解でき、読者自身の内に主人公の辿る結末の悲劇性を見ることができる点が大切です。西欧の作品群は、"Legend" "Myth" "Romantic Story"の枠の中で、色々の作家が鎬《しのぎ》を削って名作を書き残したことが判るのです」

と解説し、最後にアメリカの作家の方へ、主題を切り換えていく。

「ところで、マーク・トウェーンをはじめ、アメリカの作家は笑いや揶揄、例えば少年の無心を通じて、文明と現実の本質を抉《えぐ》ろうとしています。それをアメリカ人が内在的に持つ“Intelligence”“Education”“Camera Eye”の視点から、読者に何らかの問題提起を迫ろうとするものです。アメリカ文学の目指すものは、従ってですね、『アメリカン・アティテュード』(アメリカ人の精神的指向)であり、“African Americans Intrinsicalness”(アフロ・アメリカンの内在的指向)なのですね。ネイティブ・アメリカン、ジャパニーズ・アメリカン、チャイニーズ・アメリカン、ジューイッシュ・アメリカン他、あらゆる文化を担った人々が、それぞれ自分の内側にある本質を覗き、それにその人独自の見方、観念を通じて、アメリカ社会に問題提起を迫るもの——そこにわが国の文学の重要性があるのですね。その点をよく理解しておいて下さい」

教授は発声の仕方に余程の訓練を重ねていると見え、学生の前で話す時の効果はすっかり計算済みであるように私には感じられた。普段私との個人的な会話にはない抑揚、高低の変化を絶えず学生の前で示し、黒板の前にいる時間を最小限度に短くし、ほとんど常に学生の机間に立って、学生と言葉を交わそうと努めるのだ。文学論という非常に抽象的な授業内容を学生に判り易い言葉で説明して理解させ、しかも尚、学生の満足の度合いを確認しつつ授業を進めていく熱心さが見られた。

「次の回から、具体的に作品を読んできて、皆さんと議論を交わしつつ、授業を進めましょう」

と言った時点で、九十分を迎えた。

第二回目の講義は一週間後に同じ教室で行われた。

八時四十五分に研究室前で会いましょうという約束になっていたので、私はそれより少々早い時刻に教授研究室へ着いた。ジム・ウォーレス教授は既に在室で、授業の準備をしていた。

授業教室へ行くと、学生が殺到して入室しようとしているところであった。私は先週と同じ、学生の方を見て左の最後列の席に座った。教授が学生の名簿を取り出す様子から判断すると、今回から授業開始前に、出席点呼を取るらしかった。

学生の名前をパーソナル ネームとサー ネームの両方を呼びながら、出席の確認が始まった。学生は発声しないで、黙って挙手をするのが習わしのようだ。座席は自由席とし、男女およそ半々で前回より一名多い三十六名が着席して、授業は始まった。

日本で言うならば、国文学演習に該当する科目である。どの学生も教科書を机上に置き、ある学生はパラパラめくって拾い読みをしている。二、三回の授業で一人の作家の作品を個々に論じていくので、学生は事前に作品を読んでこない限り、授業についていくことはできない。二百~三百ページの作品を半期で十冊読み、四回に一回の割合でレポート提出を求められる。その提出は有無を言わせない。

教授は詳細な講義ノートを教室へ持ち込んで、それを見ながら板書するという授業形態を取らない。授業中に扱う作品を事前に何度も読み、解釈し、アメリカ文学史のみならず、欧州の文学の流れ、英国文学との関係等を常に頭に入れて、アメリカにおける社会的意義付けと作品そのものの味わいを検討しておくという。

授業中、教授は黒板に書く時にのみ、その前に立つことにしているようだ。書き終わるや、学生の方へ移動し、机間に立って右の学生、左の学生へと言葉を投げ掛ける。学生からのちょっとした質問をも無視しないで、むしろそれを話の展開の切っ掛けにして講義を続けていく方針を貫いている。

教授は教科書を各自が家で必ず読んでくるようにとか、遅刻をするな、無断退席をするな、等の注意を学生に改まって与えることはしない。受講する学生の誰もが、自分のために授業に出席する必要性を深く自覚している。

出席に関しては、ほとんどの学生が教師よりも先に着席しているが、教師の入室に前後して、雪崩のように入ってくる学生はいることはいる。五、六名はいつもいる。授業が始まって十分程経ってから入室した女子学生が一人いた。初回の時と同じ学生である。多分、その学生には余程何かの事情があるのだろう。

教師が何も言わなくとも、どの学生もその科目を理解できなければ自分が困ることをよく判っているのであろう。その点、アメリカの学生は一言でいうと、基本的な躾《しつけ》が実に良く身に付いているのである。

教師の授業の進め方に、もしも学生が大きな不満を感じるならば、学生は授業に出てこないという無言の批判をもって教師に対抗するかも知れない、とのジム・ウォーレス教授のお話であった。その代わりに、受講する学生は何かを得たいという意欲を抱いて教室へやってくるという。

他の学生に発言をさせるのみで、自分が話さなければ自分にとって何もならないと思う学生は少なくない。それを裏付けるかのように、教師が何か質問をすると、学生は我先に手を上げ、自分が指名されると、単語の意味を簡単に答えるという応答ではなく、自分の考えを滔々と述べようとする。

例えば、教授は第二回目の講義で、話のテーマをアメリカの文学で言う"Realism"とは何だろうか、という問いに集中させ、それについて議論をしたい、それがマーク・トウェーンの作品理解に至るキーワードである、と前置きして学生の顔を眺めた。

こういう時、我先に手を上げる学生もいれば、先に他の学生に意見を言わせておいて、反論の機を窺っている学生、前に述べた学生の意見との関連で、自分の考えをより一層深めるために発言する学生等、タイプの違いはあるが、学生はとにかく自分の意見を述べたいと言う欲求を内に強く抱いて講義に参加する。

先程の教授の言葉に対して、一人の学生が立ち上がって、先ず自分の意見を述べた。

「リアリズム文学の第一の課題は"Real Life"の追究であり、したがって"non-fantasy"でなければならないものです。人は常に現実の様々な出来事に遭遇して生きているので、作家はその現実の背後にある真実に迫る必要があると思います。その点において、少し前の作家、クーパーは"fantasy"の世界に生きる主人公ナッティ・バンポーを一連の物語の共通の主人公として描きました。確か、五つの作品で同じ名前の主人公でしたね。ところが、マーク・トウェーンはそれに批判的で、"fantasy"を否定した作家でした」

教授は、すかさず質問した。

「その通り。君の意見は正しい。ところで、マーク・トウェーンがクーパーを批判した根拠は何ですか。何をどのように批判したのだろうか」

その鋭い質問に、学生は他の学生の助け船を求めるのか、少し黙っていた。しかし、他の学生からの応援発言がないと見て取ると、文学史上の知識は持ち合わせないながらも、己の意見の核心から逸《そ》れることなく、恐らく勇気を出して発言を続けた。

「マーク・トウェーンがクーパー批判をしたことは、十分に考えられると思います。前者はリアリズムの時代に住み、後者はロマンチシズムの作家でしたから。批判の根拠は、一言で言いますと、現実を無視した森の中の描写がクーパーの作品に見られますから、それを逐一、マーク・トウェーンは批判の根拠にした筈です」

私はこの学生の発言に当初から注目をしていた。何度か挙手をしていた学生である。何かを言い始めると、正しい言葉遣いで、正確に自分の考えを述べていく。その発言の様子は常に静かで、自信に満ち、教師の言葉に即応しながら話していく。教科書に書いてあることを述べるわけではない。即席で自分の文学理論を述べることが要求される授業である。だから、時には自分の知らないことも当然ある。とつおいつ、自分の頭の中で己の考えを纏めつつ述べる場合もある。発言の様子から判断して、この学生は恐らく人一倍の読書量を誇り、文学的感興を深く味わい、かつ自国の文学に限りない愛好心と誇りとを抱いているに違いない。

教授はこの学生の理解の仕方を誉め、加えて文学史上の正しい把握の仕方を説明するらしかった。

「クーパーの描写に対して真っ先に批判の矢を放った作家がいました。それがマーク・トウェーンでした。どこをどのように批判したかと言いますとね、クーパーの森の中の描写が滑稽至極《こっけいしごく》だと言ったのです。トウェーンのひと世代前の作家でしたが、クーパーは諸外国でも多くの熱心な読者の支持を受け、わが国でも国民的作家として多くの作品が読まれていたのです。ですからクーパーを愛読する人は沢山いたわけですね。そんな折に、トウェーンは徹底的に批判して、クーパーの作品の欠陥を色々の角度から念入りに攻撃し、完膚《かんぷ》無きまでこき下ろしたのです。先程、君に問うた、トウェーンのクーパー批判の書名は、『フェニモア・クーパーの文学上の欠陥』と言いましてね。一八四八年に発表されました。この本の中で、例えば、百メートルも離れた距離から主人公がライフル銃で狙い、コインをぶち抜くとか、川の中にある石を手に取って調べると、敵がいつ頃、どの方向へ向かって進んで行ったかが判る、とかいう描写をトウェーンは笑い飛ばしたのです。十七項目に渡って、クーパーの描写の欠点を一つひとつ取り上げて、あり得ないことを真顔で描いたところが、笑止千万であると、トウェーンは広く読者に訴えたのです」

教室内の学生の表情を眺めてみた。ノートを取る学生、教授の顔を見詰めながら、首を深く前後に動かして頷く学生など様々であるが、隣や前、後ろの仲間とお喋りする学生は絶無である。教授は学生に注意をするわけではない。学生自身が教授の話を聞きたがっているのである。

一方、教授の方を見ると、相変わらず、黒板から遠く離れ、学生の机間に立って、同じ所に静止しないように気を付け、位置を絶えず移動して別の学生の前に立つ。両手を振り上げ、指に特異な動きを与えて学生の注意を惹き付ける。声の抑揚とリズムを強調気味に示しつつ、表情は常に微笑と緊張と驚き、場合によっては、上体を大きく上下しながら、文学の面白さ、優れた作品の魅力の素晴らしさ等を学生に訴えるように話す。

そして、教師が話者の中心にならない工夫を重ね、話題の固定化を避けるために、折々の話の展開の中で学生への質問を怠らない。同じ学生が発言する場合があっても、自発的な発言を常に奨励し、少しでも沈黙が続くと、話題を急転して、他の学生へ発表の機会を与えていく。

教室の一隅から眺めていても、それは目まぐるしい程の体の動きと言葉の演出である。それができるようになるまでには、恐らく教師としての並み大抵ではない才腕と工夫と情熱とが必要とされるであろうことは、わが経験に照らして容易に推測することができる。

講義が終わると、学生が教授の元へ質問に立った。私は一歩下がって、耳を傾けることにした。文学作品の理解の仕方について、教授の意見を聞きたいと思っているらしかった。やがて教授と学生は言葉を交わしながら、研究室の方へ向かって歩き始めた。講義棟を出て、研究棟の玄関まで辿りついても、まだ学生は熱心に質問を続けている。教授はその学生の言葉に耳を傾け、自分の考えを加えながら、微笑を浮かべて、学生を激励する。最後に、納得したらしい学生は教授に感謝の言葉を述べ、私へも丁寧な挨拶を述べ、去って行った。

「非常に良い光景です。ジムが話している時、あの学生はとても満足した様子で聞いていました。授業中、何度か発言をしていましたね。相当真剣に教科書を読んでいるようです。私の目にも、あの学生は深く印象に残りました」

「うん、熱心な学生です。レポートを読むのが楽しみです」

研究室に戻ると、私はその日の授業について、授業全体の印象と、学生の様子を見て感じたところを感想として述べた。

私は、授業に臨むに当たり、一体どの位の時間を掛けて準備をするのかについて質問をした。

「教科書といっても、私の選んだ教材は全てが作家のオリジナル作品の単行本です。世界中の人々が読む作品ですから、私もこれまで何回も読んだものばかりです。ですから、授業の準備としては、文学史上の脈絡の上に作品を置いて眺め、客観的な評価を語る必要があります。そこで、多少の時間と労力が掛かるのは当然です。その時間を何時間と一概に特定はできませんが、夏休み中にそういう準備を少しずつ進めてきておりました」

六ヶ月間の講義で十の作品を扱うジム・ウォーレス教授の準備の大変なことを推し量りながら、私は最後の質問をした。

「学生の評価についてですが、レポートとの関連でご教示頂けませんか」

「レポートは講義要項にも書いた通り、四回に一度の割合で提出させることになります。学生が書いたものを読み、学生と面接を行い、理解の程度を考えた上で評価します」

「一人ひとりの面接をするのですか」

「もちろんです。学生はやがてこの研究室へ一人ずつやって来るようになりますよ」

提出されるレポートを読み、評価を付けながら寸評を書いて、学生に返すのだという。そして、特に優秀なレポートについては、それらを学部全体の検討委員会へ提出し、大学の経費で一冊の本の形で出版するのだという。それを学部の学生に配付するのみならず、親元へも送るのだそうだ。学部の学生は二千人程いるという。その本に収録される学生数は、二十人であるから、収録対象生に選ばれる確率は学生百人に一人の割合である。

実際に作品集を見せて頂いた。立派な装幀で三百ページ程の厚さの一冊の本に纏められている。その幾篇かの作品を読ませて頂いたが、いずれも学生の書いた物としては、なかなか良く書けていると思った。創作の散文あり、詩編あり、批評文ありで、十分に一冊の文学書と言える、質の高い感じの本でもある。

5．授業運営上の工夫

翌週、エリザベス・ウォーレス教授の講義に出させて頂くことになった。

エリザベス教授の講義は、講義要項に拠ると、十八世紀英国の貧富の情況を文学作品に照らして検証してみるというものである。詩、散文、ドラマ、小説、絵画等を教材として取り上げ、その時代における各々の作品や作家の考えが、社会の経済的矛盾をどのように捉えているのか、同時に、社会の浮沈の情況を当時の人々がどのように考えていたのかについて、考察してみたい。社会的諸相の相関関係について、新興の経済理論は既存の理論にどのような一新を迫ったのだろうか。十八世紀文学作品を通じて、貧富の観念について、私達はどのようなことを読み取ることができるのであろうか。

この授業の特徴は、やはり黒板の使用を最小限にとどめて、授業内容の大半を学生との言葉の遣り取りに注ぐようにしている点であろう。

二十名の学生の机を扇型に並べ変えているので、学生と教師は常に対面することになる。使用教科書を学生が読んでくることを前提条件に、授業の全ては成り立っている。

授業が始まると、すぐに教授は作品の中身について様々な角度から学生に質問をする。例えば、主人公は十六歳で結婚するが、その背景にどのような事情があると思うか。この質問に答えるには、作品を読んであることが必須の条件になる。

授業中、教授に指名されて答えられない学生は皆無である。○×式の答ではなく、各自が自分の考えを述べなければならない。作者が主人公をどのような視点で捉えているのか、作者の思想的な特徴として、どのようなことが言えるのか。これらの質問を教師から投げ掛けられた場合、学生は実際に作品を読んでいなければ、まったく教授の質問に答えることは不可能であろう。

「さて、ロクサナという名の登場人物に対して、この少女の過去の経緯を踏まえ、ロクサナの未来図を語ってみて欲しい」

「ロクサナの売春婦としての現況が、なぜ生じたとあなた方は思うか」

「社会的な情況とロクサナ個人との相関関係について、あなた方独自の考え方を語って頂きたい」

「主人公の宗教的背景を考えてみたいが、キリスト教の各派について、どなたか説明してくれませんか」

教授からこのような質問が出される。自信のある学生は自ら進んで幾らでも自説を発表するのだという気構えができている。恥ずかしいから発表を控えるという発想はない。逆に、自分の意見を述べることのできないことを、恥ずかしいことだと思うのかも知れない。

「ロクサナは売春婦としての生活を強いられ、自分の置かれた生活環境を客観的に冷静に理解できている。だから、子供が生まれた後も、自分の生活を切り拓いていくために、世の中の男性と対等に生きて行くために売春婦の生活を続けていくであろうと私は考えます」

ある女学生がそう言うと、男子学生は反対の意見を述べた。

「売春婦は売春婦でしかない。ロクサナは世の中に絶望をし、世の中の男性を片端から恨み、反社会的な行動に駆り立てられ、その生活は最後には破滅に至るに違いない」

このような対立意見が出されると、教授はその緊張した学生の気持を深く配慮し、他の学生の反応を静かに引き出そうとする。教授自身は自分の考えをすぐには述べない。他の学生の目をよく観察し、双方の側の意見が聞けるように配慮することを忘れない。

その際に教授は、活発な学生の発言が作品から離脱しないために、作者の思想的基盤として宗教的な環境、英国の伝統的、社会的発展のその後について、黒板を活用しながら説明を加えておく。

学生はその上に立って話題を展開し、深めていく。その結果、学生は作者の意図を掴もうとして思考を深め、教授の指導のもとに議論は加速度を増し、さらに活発に進んでいく。

ある意味で、教室での議論は教師の深い作品理解と学生に対する正確な把握によって、オルガナイズされている。学生はそのことを信頼し、自分が述べる内容が授業に貢献することを信じている。その雰囲気の中で、学生は己の独自性を発揮したいと思っている。そのためにこそ、事前に作品をよく読んでおく必要性を痛感しているのかも知れない。

「自分は宗教的に厳しい家庭環境に置かれている。もし、自分の結婚相手が宗教的に同じ考えを持たないならば、私は結婚生活に踏み込むことはないと思う」

そう断言する学生がいる。学生は自分の宗教的な背景を述べない。周囲の誰も、個人的な生活背景について、突っ込んで聞くことはしない。互いの自由な発言を推進しようとする。個人的な事情を吐露しようとしない姿勢を、学生同士は互いに尊重する。

「封建的な考え方が多くの人々の考えを縛っていたが、ロクサナという女性は社会的な陋習《ろうしゅう》を打ち破っている点で、新しい考え方の持ち主として作者は愛情を抱いて描いていると思います」

そう発言する男子学生がいた。周囲の学生から拍手が起こった。その学生はさらに続けた。

「ロクサナは自分の子供に自分の将来の望みを託している。だから、売春婦としての自分の生活に、誇りと自信を持ち、未来への夢に満ちている筈であると思う」

教授の正確な作品解釈と学生への深い理解があれば、議論の末に非常に具体的な成果に辿り着くということが私の目の前で実証されていた。すなわち、学生の冷静な判断力に基づく作品への正当な評価、文学史上の大きな流れとの関連性、作品そのものの価値、女性史という観点からの社会に対する客観的な見方等が、学生の知的好奇心と興味とに結び付いて、相互に深まっていく様子が教室内の雰囲気に充ち満ちていたのである。

講義が進むにつれ、学生がより一層、教授の言葉を理解をしていくという事実を目の当りにした。

6. 結論

ある学生は、授業を振り返って、次のように語ってくれた。

「この大学の先生方は、授業時間が来る前に教室へいらっしゃいます。ですから、学生は先生より先に教室に集まり、教科書を開いて授業の開始を待っています。授業で使用される教科書を読んでおくことは学生の義務です。教科書を読まないで授業を受けることは、先ず考えられません。自分が発言できるためには、読んでおかなければならないのです。

学生との議論で先生は必ずしも万能とは限りません。先生が答えられない場合があっても、それは当然です。その場合、先生は次の授業で、必ず課題として残された事項を学生の前で説明をして下さいます。

学生にとっての大きな関心事は、やはり評価の方法です。この大学では、先生方の学生に対する評価の方法に関して、一定の約束事があります。それは常に公開されていますので、学生はいつでも学生課へ行けば、『評価一覧表』を頂けるのです。

学生から先生方への評価についても、学期が終わる頃に、大学側から調査があります。それにより、私達学生側からの先生方への意見と評価とが一定の書式に書き込む形で尋ねられるのです。双方からの評価があるので、先生方も懸命になって授業の運営を考えられ、学生のことをよく考えた授業が進められていくのです」

この度、私はボストン・カレッジで複数の授業に毎週出させて頂き、教室内の学生の様子をよく観察する機会を持つことができた。

日米共に、教室での指導のあり方に根本的な相違は認められない。違う点は、学生が自らの展望を持ち、自分の責任で行動をしている姿である。大学でしっかり勉強しておくことが、将来の展望を拓く上で大切であることを、学生本人が誰に言われなくともよく理解し、納得をして大学へ通っている。研鑽を積むことを自分の滋養とし、それを蓄積して将来の展望を掴もうとする心構えができている。

その証拠として、講義中に学生は教師の話を集中して聞き、教師の話している最中でも挙手をし、自分の納得のいくまで質問をし、他の学生の意見に耳を傾け、然る後に己の納得のいく結論に至るべく、討論を徹底しようとする努力を惜しまない。

つまり、教師も学生も、与えられた授業時間を有効且つ貪欲な程積極的に活用している。言い換えるならば、真剣に物事を考え、自分の精神の栄養を講義の中身から摂取し、それにより充実した生活を実現したいと切望して各々の学生は授業を受けているのである。

三　思い掛けない出来事

1. 下宿先の夫妻と

ジュディスは六十代の中頃の、親切で世話好きの夫人である。私の滞在中、日曜日の午後三時になると私の部屋へ来ては、一緒にお茶を飲みましょうと誘ってくれた。

ジュディスはユダヤ人で、一般的なクリスチャンのアメリカ人とは、風俗習慣を異にする。だから、メリークリスマスと、カードを送っても、返事は来ない。

ユダヤ人の暦では、秋のティシュリ（ユダヤ暦の第一月で、グレゴリオ暦つまり、現行の太陽暦の九～十月に当たる）と共に一年が始まる。九月一日から二日に掛けて、新年祭

（ローシュ・ハッシャナ）を祝い、十日に贖罪《しょくざい》の日（ヨーム・キップール）を迎える。この日はユダヤ教のもっとも厳粛な時に当たり、悔い改めと神の赦《ゆる》しを求めて、この日一日は完全に断食を守り、ユダヤ教徒の礼拝所（シナゴーグ）に籠ってお祈りをする。

そのお祈りの時に、罪の告白をし、人間の至らなさを悔いるとともに、神の無限の慈しみを称え、心に沁み渡るコル・ニドレイの荘重な調べにのせて宗教的な誓いの束縛からユダヤ人が解放されることを願う行事であると、ジュディスは私に説明してくれた。

クリスチャンにとって十二月二十四、二十五日が特別の意味を持つ日であるのと同様に、ユダヤ教徒の場合、十二月に八日間のハヌカー祭が行われる。これは紀元前二世紀中頃、セレウコス家（シリヤ）の支配をはねのけて、穢《けが》された神殿を潔めて再奉献したことを祝う祭なのだそうだ。

「タイスケは日本人であることに誇りを抱くでしょう。私はユダヤ人であることを誇りに思っているわ。私の夫は、クリスチャンなの。夫婦の間で、色々と宗教上の違いがあって、考えも違っているわ。でも互いに理解しているわ。宗教上の違いは二人の相互理解に大きな試練よ。でも、愛をもって、その溝を超えることができるの」

日常、日本国内に生活している限り、宗教を意識することは余りない。だが、アメリカではこの問題は常に深刻である。宗教は人の心を解放するよりも、むしろ束縛する本質的な傾向を内在的に有しているのかも知れない。

ともかく、敬虔なユダヤ教徒であるジュディスは、自分の信念を常に強く抱き、ウッドラーフ氏と長年連れ添ってきている。

ウッドラーフ氏は私より二、三歳は年長であろうと思われる。北アイルランド出身とのことで、白い肌の上品な面立ちに口髭を蓄えている。背は低く、肩幅も狭く、どちらかといえば、小柄な人である。眼鏡の奥から、人見知りのする静かな口調で語り掛ける人だ。

その物静かに語る家の主は、大学と自宅との間を、何と自転車で往復しているのだという。ちょっとした雨位では、自転車を離そうとしない。短パンに運動用シューズを履いて、軽快な自転車（といっても、目の玉が飛び出る程高価な乗り物だ、とジュディスは笑いを浮かべながら私に説明をした）で通勤する。運動を兼ねているのだという。長年、それで通しているらしい。

「ウッドラーフさんは、大学でパソコン関係の授業を担当されていると奥様からお聞きしておりますが、もう大学では長い勤務になられるんでしょうね」

「タイスケ程には長くはないと思いますがね。二十五年程です」

「私は大学での教歴は十五年程です。それ以前は高等学校で十九年間教えていました」

「私もジュディスも、ボストンへやってくる前は、ニューヨークで小学校の先生をしていたのです」

「そうでしたか。ニューヨークはどちらの地区でしたか」

「ブルックリンよ」

今度はジュディスの話す番であるらしかった。

「ヴェトナム戦争があったでしょう。一九六八年一月の北ヴェトナムのテト、つまり、旧正月の攻勢のあとにね、ジョンソン大統領は戦争の広がりに追い付いていけなくなっていたのよ。一般大衆は動揺していたのね。そこに大掛かりなデモ行進があったの。当時、夫も私も、小学校で教えていましたのよ。私達は一緒に、デモに参加しましたの。当局の調べがあって、私達は首になったの。首になったけれど、私達は良心を犠牲にしなかったわ」

ウッドラーフ氏は、夫人の言うことに黙って耳を傾け、最後に深く頷いた。一九六八年といえば、元号で昭和四十三年に当たる。私はこの年の三月に大学を卒業し、信州の高等学校の教員になった。ウッドラーフ夫妻は私よりも五、六年前からニューヨークで小学校の教員をしていたことになる。

アメリカでの反戦気運は年ごとに強まって、一九七三年一月二十三日、戦争は終結し、ヴェトナムに平和を回復する協定が結ばれた。この戦争で、アメリカはおよそ五万人の犠牲者を出し、戦費は一千億ドルを遥かに上回ったと言われている。アメリカ経済と国民の士気に及ぼす悪影響には計り知れないものがあったらしい。当時の様子は、新聞やテレビで毎日のように報道されたという。

「私達にとって、ヴェトナム戦争は、良心との闘いでもあったのよね」

「その通りです」

ウッドラーフ氏はジュディスの顔を見詰めながら深く頷いた。

「私よりも、夫の仕事場が奪われたのが、とても辛かったわね。でも、傷心して悲しんで毎日を過ごすわけにもいかないでしょう。それで、私達はニューヨークからボストンへ移ってきたの」

「でも、勤め先のマサチューセッツ工科大学は、世界でも最高峰に位置付けられている大学です。素晴らしいご躍進でしたね」

「夫は運が良かったのよ」

運の良さで、話が締め括られては、言い返す言葉が見付からない。

「そうばかりではないでしょう。ご研究の成果を、大学当局が高く評価された結果でしょう。私にはご専門のことはよく判りませんが、地下の書棚に満載されている書物が、きっと、ウッドラーフさんのその後の生涯を切り拓くエネルギーを与えてくれたのでしょう。きっと、そうに違いありません」

「まあ、タイスケは、ものの見方の根底に本の話題を持ってくるのね。ええ、その通りよ。当たっているわよ」

夫妻は笑って私の顔を見た。

その日はよく晴れた、陽射しの強い午後であった。

私達三人は、三階建ての家の二階にいた。道路に南面するベランダのテラスで、広々とした空間に寛いだ雰囲気でお茶を飲んでいた時のことである。

私の目は、大空を飛ぶ一機のジェット機に注がれていた。その機体の後方に、随分長い一本の紐が棚引き、星条旗がひるがえっている様子が見えていた。

「見て。大空に、アメリカの国旗がジェット機に引っ張られていく！」

この言葉を私は苦もなく言えたつもりで、大声で叫んだ。

ところが、不思議なことに、夫妻は二人とも、ベランダの下へ視線を落として、何かを探し求めている様子である。

「ご夫妻は何を探しておられるのですか」

私は奇妙な感じを覚えつつ、二人に向かって尋ねた。すると、ジュディスは怪訝《けげん》な表情を浮かべて応えた。

「だって、今しがた、タイスケは、蛙《かえる》が跳んでいると言ったでしょう。だから、蛙がどこをぴょんぴょん跳んでいるのかしらと思って、辺りを見回していますが、蛙の姿なんてどこにも見えないわよ」

「違います。私の言ったのは、アメリカの旗ですよ、旗がジェット機に引っ張られて、大空を移動中なんです。ほら、あそこに」

私は大空を指さした。東の空から西へ移動中のジェット機の後方に、確かに非常に大きな星条旗が棚引いている。すると、夫妻は相互に見詰めた後、急に声を高く上げて、笑いころげた。

無論、私にはその笑い顔の真意が理解できない。その内に、どうやら夫妻の笑いの原因が私の英語の発音の不正確さにあるらしいと気が付いた。

〈ああ、私は英語を何年間もやってきているのに、こういう誤解を招く失敗をするのか〉

とえらく落ち込んでしまった。私は大しくじりを演じたのである。

英語で旗のことをフラッグと言う。誰でもが知っている基本単語である。ところで、蛙のことは何と言うか。全く違う発音で、フロッグと言う。私の発音するフラッグは、アメリカ人の耳にはフロッグと聞こえたのだそうだ。

「ジェット機が蛙を引っ張っていく」

そうアメリカ人の耳に聞こえたというから、私の英語の発音も大したことはない。旗と蛙！ 実に奇妙な取り合わせである。ハタと我にカエったと言っても洒落《しゃれ》にもなるまい。

いよいよ私が日本へ帰るとなると、二人とも、実にしんみりとして見送ってくれた。夫妻は今もボストンで、夏になるとヒマワリを庭に一杯咲かせて、静かに過ごしているに違いない。

2. 和気靄々

こうして、私のアメリカへの短期留学はあっという間に終わった。実に短い留学ではあったが、同時に実に長い研修でもあった。つまり、何人かのアメリカ人と知り合い、相手の心とわが心を真正面から突き合わせ、そこに人としての姿を相互に観て、信頼できる関係を樹立することができたことを深く実感したという点で、意義深い滞在であった。

人と人との付合いに国籍の別はない。あるのは一個の人間としての誇りと相互信頼であろう。

こんなこともあった。クーパー学会初日、午前の部が無事に終了して、十五年間の付合いであるスティーヴンとシグネと、午後四時までの自由時間に、オニオンタの市街地まで山を下りて昼食をゆっくり摂って、街路でも散歩してこようかという話になった。ちょうどその場に、学会に初参加したウィスコンシン大学の若き准教授、トム・ウィルソン氏が居合わせた。背の高い、がっしりした体格の大男である。初参加した他の三人も加わり、私達と一緒に町へ下ることになった。

私はトムの車に乗せて貰うことになった。初対面であるが、トムはなかなか人懐っこく、気さくに世間話を交わす男であった。

町のイタリアン レストランには、学会の参加者が幾つものグループをなして、あちらのテーブル、こちらのテーブルに着席していた。私達が店に入ると、左右の席から、笑顔の合図が飛ぶ。中には、「ハーイ、タイスケ」と、懐かしそうな笑顔を浮かべて、声を掛ける人もいる。

私はその日、日本で普段から食べ慣れているスパゲティを注文した。大きな皿に山と盛られたスパゲティの全部を平らげることはできなかった。人々の食べっぷりは旺盛で、野菜もパンも、ビールもと、よくもまあ胃に入るものだと私は舌を巻いた。

食事が済んで、これから皆で一緒にクーパーズ・タウンへ行きましょうと話が弾んで、それぞれの車へと向かった。

駐車場へ戻ると、停めたはずの車がない。場所を間違えたかと、目を凝らして辺りを見回した。私は車の中に自分のカメラを置いたままにしていた。

皆で手分けして、車を捜し回った。しかし、どこにもない。

「盗まれたのだ。ああ、どうしよう。困った。タイスケのカメラも車中に残したままだ」

トムは頭を抱えて溜め息をつき、地べたへ座り込んでしまった。

その時、自転車に乗った男が近付いて言葉を掛けた。

「何が起ったんだ」

自転車から降りた五十がらみの男は警察手帳を一瞬示して、トムの前に立った。年相応に精悍な感じを与える警察官である。

「車が盗まれた。鍵はちゃんと掛けてあった。あの車が盗まれるなんて、考えられない」

トムは相当興奮していた。

私達は三百メートル程離れた警察署へ向かった。

私はアメリカの警察署の中へ入ったのは、その時が初めてである。正面玄関から中へ入ると、背後で重厚な音を立てて扉が閉まった。中は待合室になっている。長い椅子が置いてある。そこに座って待っていると、一人の女性の警察官が近付いて、私達を奥の部屋へ誘導した。

結局三十分程して、私達は警察署を後にした。盗難の届けを出したからといって、車がないという事実に変わりはない。トムは頭に手を当て、時々、鋭い言葉を発する。

「信じられない。タイスケのカメラも盗まれたんだ。ああ、どうしたらいいんだ」

私は言った。

「トム、車に何が起ったのか誰にも判らない今、それ以上に悩んでも何も始まらない。だが、心配するな。車は戻ってくるさ。天に任せることだ。絶望するな。希望を持て」

そう言うと、トムは応えた。

「うん、そう努力しよう」

クーパーズ・タウンへの旅行は諦めた。止むを得ない選択であった。

翌日、午前の発表の部が終わった時、図書館の女性館員が白い紙切れを持って会場へ入ってくるなり、幹事席へ近付いた。散会しようとしていた紳士淑女は、何となくその緊急連絡の様子にざわめいた。

「トム、君の車がダウンタウンで発見されたという情報が警察署から今しがた入ったそうだ。今直ぐ、私と一緒に署まで行って欲しい」

デヴリン教授の一声に、会場の人々は興奮した。トムの顔色が一瞬輝いた。スティーヴンとシグネが間髪を入れず、鼓《こ》舞《ぶ》した。

「トム、車が見付かったんだ。帰りはさぞかし、軽快に運転して帰ってこれるぞ」

「そう願っている」

デヴリン教授とトムの二人は車で警察署へ向かった。午後三時を少し過ぎて、午後の休憩時間を迎えた頃、トムは予想に違わず意気揚々と発表会場へ戻ってきた。ダウンタウンから自分の車を運転して帰ってきたという。席に座っていた私の方へ近付くと、満面に笑みを浮かべて、私の手を握った。

「タイスケのカメラが、無事に戻った」

そう言いながら、私のカメラを無傷の状態で手渡してくれた。

「タイスケが言った通り、車は戻ってくると思い続けた。それが実現した。良かった」

警察の説明によると、窃盗団の一人がトムの車を盗み出したが、街角のあちらこちらに警官が巡回していて、とても逃走できないと観念したのだろうという。駐車場からわずか二百メートル程離れた路上に車を乗り捨てたらしい。

天の悪戯としてはやや単純過ぎたが、トムは笑顔を浮かべて言った。

「タイスケの自然流の言葉に勇気付けられた。日本人は、パニック状態に陥った場合でも落着いている姿に非常に感動した」

そこで、私は言葉を返した。

「いや、私自身は、それ程落着いていたわけではないんだ。私の言葉に、トムが落着いた表情を浮かべたので、私自身の方が却って励まされた。トム、ありがとう」

周囲の人々の間から、盛大な拍手が上がった。

一つのハプニングを通じて、会場の人々の表情に、安堵と大きな喜びが浮かんでいた。忘れられない出来事であった。

了

あとがき

本書は著者がアメリカの学会に出席して、様々な人々との交流を通じて感じたことを、主に、ニューヨーク、ボストンの旅として纏めたものである。

そこで出会った、忘れ難い人々と交わされた言葉を一言で言い表すならば、肌の色、国、風俗、習慣等の別はあっても、人の抱く思いの共通性には予想を超えて深いものがあるということである。

国際的な交流の重要性は今後、わが国が世界各国と共同して様々なことを推進していく上で、さらに大きなものになるだろう。

時には理解のずれ、感情の行き違い、思惑の相違等、誤解や場合によっては曲解、不和、敵対等の良くない状況へと追いやられる場合も考えられる。そのようなマイナス要因を招くことのないようにするためにも、今後、様々な場面で市民レベルの良好な関係を深めることは、国際的理解と協調を一層積極的に広げ、深めることに繋がると思う。結局のところ、国同士の関係も、個人的な人間関係が重要な鍵になることを、私達は痛感することになるに違いない。

その意味で、今回の短期海外留学中に出会った様々な人々との思い出は、私自身の人生にとって、深い意義を有していると思う。出会った人々の、ほんのちょっとした言葉の背後にある人間性に触れることができたことは、著者にとって、言葉に言い表すことのできない宝になっているように思う。

洋の東西を問わず、真心を込めて人間関係を大事にするならば、こちらの気持を誰もがきっと理解をし、誠意を示してくれるものだということが、本書で一番言いたいことである。そのことは、肌の色、国籍を問わず、多分、いつの時代でも普遍であると思う。

終わりにあたって、初校から第二校の段階で、大幅な修正、削除があった。現代図書の編集部の御担当の方々に対して大変な労を強いてしまいました。ここに、同編集部の井上節子さん並びに日下百合さんのお二方に深甚の感謝を捧げます。又、拙稿の出版化に向けて、積極的にご支援下さった池田瑞穂氏に深く感謝致します。

併せて、表紙と口絵の写真を、これ以上は考えられない仕上がりで完成させて下さった野崎印刷の久田英保氏に深く感謝致します。竹之内房子さんには、題字でお世話になりました。

本は著者ひとりの力で出されるものではないことを痛感した次第です。帯の推薦文で簡にして要を得た玉文を書いて下さった高校時代の恩師の草間文男先生、『私のボストン』の玉稿で巻末を飾って下さった学部時代以来の恩師の亀井俊介先生、『著者の印象を語る』で、同僚の私を激励して下さった岡本紘昭教授各位に、心より深く感謝と御礼の意を申し上げます。

巻末付録

旅の心得覚書

1 出国前に留意すべき心構え

一、相手先の国へ初めて旅行する場合は、日本国内の旅行代理店を窓口として、旅支度を整えると良い。渡米して初日から、自分が泊まる宿泊先を、自分で探すことは多分、無理であろう。

一、筆者が成田国際空港でこの目で見た経験を一つ。両替所の前で、筆者の目の前の出来事だ。パスポートを出して、机上にそれを置いたサラリーマン風の男性が、現金を手にした直後、そのパスポートを机上に置き忘れたまま、歩き始めた。筆者がすぐに声を掛けて呼び戻したところ、頭を掻いて、国際線ロビーへ向かって歩いて消えていった。国外にあって、パスポートを机上に置いたまま、その場を離れた場合、それを私する人が周囲に無数に存在すると考えられるので、パスポートを置き忘れた場合の前途は、誠に暗いであろう。

一、アメリカへ旅行する場合、渡米直後からドル札が必要である。出国前に、両替所である程度の換金が必要であろう。その際、百ドル札は現地では先ず使う場面がないと考えると良いだろう。店先で、百ドル札を出すと、店員は見たこともないような顔をして、それが偽札ではないかと疑うだろう。百ドル札一枚を出す位ならば、二十五ドル紙幣を四枚出す方が問題はないだろう。

一、トラベラーズチェックを問題なく使えると思うかも知れない。だが、アメリカでそれを使える店と、使いにくい場所があることを考えて、現金、あるいはクレジットカードを使い分ける工夫が必要である。店ごとで違うので、一概にそれの使用を認めない場所が多いとも断言できない。差し出して駄目と言われたら、それでお仕舞である。一方が駄目なら、他方を用意しておけ、ということであろう。

一、国内外の国際ターミナルで、カメラを片手にシャッターを切る人が必ずいる。これは余程注意力が散漫な証拠である。空港での写真撮影はどこでも禁じられている。国内の空港にいる時から、このことは頭に入れておくべきであろう。それを無視すると、海外で、とんでもない結果を招くだろう。

一、空港へは出発時間より、余程早く到着している必要がある。格安チケットを利用する場合、その窓口が開く時間の、遅くとも三十分前までには現地集合場所に到着している必要がある。筆者は、初回の渡米の際、午前中から空港に着いていて、格安チケットを午後二時に受け取ってから、出発の、午後四時三十分のジェット機に乗れるかどうかで、あわやの経験がある。何が起こるか、判らない場合があって、筆者はそれを経験している。

一、カメラを持込む際、大きな旅行カバンの中へ入れると、様々な物とカメラがカバンの中で衝突することが考えられる。筆者は、親切な友人に頂いた缶入りのジュースを、取りあえず、旅行カバンの中へ入れた。それがカメラとかち合ったのであろう、現地へ着いたら、ジュースがカメラを直撃。使用不能となって、筆者は泣いた経験がある。

一、滞在先の現地の友人にお土産を持参したい場合、何を選ぶかは、その人の生き方、考え方にも拠るので、一概には言えない。例えば書画を進呈したいと思う場合、空港の土産店で何もかもが揃っていると考える前に、日本各地にある地場産業の特産物を選んでみてはどうだろうか。同じ浮世絵でも、新しいものばかりではなく、昔から伝えられる作品が、神田の書画骨董店で売られているし、焼き物でも、京都、奈良、その他の観光地に、その土地独自の焼き物が文化的伝統の重要な産物として売られているかも知れない。

一、滞在先として受け入れてくれる人の家に滞在する場合、予め手紙や電子メールで連絡を取り、こちら側の滞在予定期間と目的を先方に充分に知らせておくべきであろう。そのような、誠意ある個人的な関係が実は文化交流の基本になると考えるべきであろう。国際的な交流も、所詮は、個人的な良好の関係の積み重ねに拠って、支えられていることを深く認識する必要があるだろう。

一、海外を旅行する場合、多くの人々にとっては非日常的な出来事であろう。その稀有な経験をするのであるから、その体験はその人にとっては大きな意味を持つに違いない。とすれば、目的地の情報も入手せず、食べた物の中身も吟味せず、観た場所に余り注意を払わず、人々と交わした言葉も忘れてしまうのでは、余りにも勿体ないであろう。そこで、詳細な旅のメモを残しておくことをお勧めする。後日、それを基にして、様々な印象を記して、まとめてみてはいかがであろうか。旅程、宿泊場所、食べた物、滞在先の人々との印象深い会話、観光名所めぐりの記録等を、簡単なメモで良いので書き記しておくと良いだろう。

一、最後に旅の目的を、自分で良く検討しておくことが肝要であろう。旅行の目的がしっかり頭の中に入っていると、現地での行動に無駄が省け、ひいては余計な費用もかからないので、経費の節約にも繋がるであろう。無計画のぶらぶら歩き程、無駄で、危険な旅もないであろう。現地の人の中には、悪い企みを内に含んで言い寄る不心得者が必ずいるものだ。そんな人に引っ掛かると、金のみならず、運が悪ければ命までもっていかれる場合もあるということを、心の片隅に常においておく必要がある。

一、入国審査の建物の中や、公共の建物、例えば美術館、博物館等での写真撮影は固く禁じられている。それを犯すと、大変な事態を招く場合がある。肖像権にうるさいお国柄である。街路上で、たむろする人々にレンズを向けてシャッターを切ることも、止めるべきである。予想外のトラブルの発生に繋がる場合がある。写真を撮る場合、その場その場で、相手が目の前にいる場合、了承を取るだけの余裕と慎重さが肝要であろう。

一、車を運転していて、目的地に着いて駐車する場合、鍵を掛けたら、必ず大丈夫というものではない。筆者はアメリカ人の友人の運転で、ダウンタウンへ食事に行った際、鍵を掛けた筈の日本製の新車が盗難にあった。その中に、筆者の高級カメラを入れておいた。その事件については、本文の最終の章を参照されたい。

一、店へ入って食事をしたり、ホテルで世話になる場合等、日本にはない社会的慣例としてチップを払うことになる。幾ら払ったら良いのかは、一概には言えないので、現地の仲間が一緒にいたら、その人に尋ねるのが一番良いだろう。自分一人の場合は、十から十五パーセントが目安と考えると良いだろう。多すぎたらチップとは言えないし、少なすぎると、サービスの低下に繋がることもあるかも知れない。

2　入国後に留意すべき心構え

[団体旅行の場合は、大抵は日本人が現地を案内するので、言語環境に問題はないし、知り合いの人がいつも一緒に行動をするので、惑うこともないかも知れない。ここでは、個人旅行をする場合に焦点を当てて考えてみよう]

一、空港に無事に辿り着いても、そこから滞在先までの道程は遠い場合が多い。そんな時、空港から滞在先までの交通手段として何を利用するかが緊急を要する選択として目前に迫るであろう。タクシーを利用するならば、必ずイエローキャブに乗ることだ。イエローキャブならば、百パーセント大丈夫かというと、それがそうはいかないところが難しい。乗り込む客が日本人と見ると、途端に態度が豹変して、儲けのターゲットとする不心得者の運転手もいることはいる。メーターを下ろして走行しようとする。

一、タクシーに乗ったら、その車の番号と、タクシー会社名、運転手の名前を気付かれないように記録しておくことだ。何かがあった場合、その会社へ電話をすると、その運転手は間違いを冒すことが出来なくなるだろう。どのタクシーにも、番号があるのだ。

一、タクシーに乗り込む大抵の日本人は黙り込んだまま、後部座席に座り続けるという。筆者が乗り込んだ殆ど全てのタクシー運転手がそう筆者に説明した。これでは、運転手も取りつく島もないので、黙って運転するしかないと、判断するようである。片言の英語でも良いから、兎に角、話してみることだ。現地での生活が始まったら、一人黙り続けて一体何日間、生活が出来るだろうか。話さずに滞在出来るわけはないのだ。

一、ホームステイ先の人々と、初見の際に、円滑な人間関係を形成する必要がある。それを無視しての滞在はあり得ないだろう。食事のことからはじまって、買い物、場合に拠ると、ホストファミリーと休日の旅行があるかも知れない。人間関係を形成するには、言葉の遣り取りを通じて、はじめて実現することを心得ておくことだ。臆することなく、自分の考えを相手に懸命に伝えようという、強い意思とこちら側の誠意を相手側に汲み取って貰うしかないであろう。

一、滞在先のアメリカ人との人間関係を積極的に形成しようとするこちら側の努力があれば、先方に必ず伝わるであろう。片言の英語より、豊富な言葉使いと豊富な経験に裏打ちされた会話が良いことは言うまでもない。だが、初めて渡航する人に、それを求める人はいないだろう。大事なことは、めげないで、積極的に発言し、相手を理解しようという気持で、行動することだ。

一、ファミリーの一員として受け入れてもらった場合、日本人としての誇り、素養、行動原理に一貫した態度で通すべきである。日本人としての教養と誇りは、日本の事情について質問された時の応答に表れるだろう。それまで、新聞やテレビ等の情報を含め、日本で培ってきた成果を、そういう時にこそ出し切る勇気が求められる。

一、日本とアメリカとの間の慣習やマナーの違いを柔軟に理解し、そこで生活する必要なマナーを早く身に付ける必要がある。滞在先のファミリーに特有な慣例やしきたりは、その家へ行ってみないと判らない。要は、柔軟性をもって受け入れる態度が必要である。

3　滞在先での留意すべき心構え

一、自分を受け入れて下さる現地の家族と共に過ごす場合、先ず最初に、充分の誠意を込めて、感謝の気持を表明すべきであることは言うまでもない。その際、日本からの贈り物を自分が最も良い物だと確信して持って来たので、受け取って欲しい、と言えるようにしたい。日本流儀の「これはつまらない物ですが」は、相手に決して通じないし、通じたら最後、なぜつまらないものを、くれようとするのかと、相手の人は不機嫌になるだろう。自分がアメリカにいることを、充分に認識して、発言には気を付けよう。

一、大学等の研究機関を利用させて頂ける場合、その受け入れ先の責任者や自分を世話してくれる人への充分の感謝の気持を先方に伝えたい。日本にいる時に物を送ってあるから良いというものではない。直に会って、お礼の気持を表明すべきである。

一、大学等の研究機関を活用させて頂ける場合、身分証明書を発行して頂けるものなら、そうしてもらうに越したことはない。研究生活の間の病気、怪我、不慮の事故、現地人とのトラブル等の際に、警察に尋ねられる事項が結構沢山あるに違いない。そんな折り、身分証明書を発行しておいて頂けると、何かと便利だろう。筆者はそれを発行して頂いたので、図書館で本を一回に六冊までを三ヶ月間、黙って貸して貰えた。身分証明書の発行に際して、筆者は受入先の研究機関から、お金を請求された覚えはなく、これが研究仲間の配慮に拠るものと判り、深い感銘を覚えた。

一、スーパーで買い物をする場合、レジで「ペイパーかプラスチックか」と問われたら、買い物袋を紙袋にするのか、ビニール袋にするのかを問われたと思えば良い。答は、「ペイパー」とか「プラスチック」で良い。

一、列に並んで待つ間に、不用意に人の目をじっと見つめると、何か深いわけ又は個人的な意図があっての挙動と判断され、思わぬ喧嘩の原因となるかも知れない。何処にいる場合でも同様で、不用意に視線を固定させて人を見つめることは避けるべきである。

一、日本語は一切、通じない。そんな土地で、めげていても人は助けてくれない。強い意思で、自分の思いを直接に英語で表現する努力が必要である。翻訳は何の役にも立たない。日本語を介在させないで、何でも英語で言ってみる訓練を四六時中、繰返してみることだ。それが嫌な人がアメリカへ行っても、何にもならない。黙っていてはこちらの真意は伝わらない。伝えたいという気持で、絶えず意思の伝達に意を注ぐべきである。

一、英語が通じないからといって、周囲の人々と距離を離して自分一人だけが孤立してしまわないように、注意をすることだ。誰か気の合う人を見付けて、助けて貰えば良いだろう。そうすることによって、その人と友人にもなれる。自分の判断ひとつで、滞在先での想い出を良いものにするか、悪夢の日々にするかが決まってしまうのだ。帰国してから、苦痛の日々であったと思うのは勝手だが、その原因を現地人の責任のみに押し付けてはいけない。自分の努力不足を嘆くべきである。

一、アメリカ人は、初めて入国する未知の人々に、心の籠った親切心を示す国民であること銘記しておきたい。友人が出来るか否かは、こちらの気持如何の問題であると思う。

（以上）

巻末寄稿文

私のボストン

東京大学名誉教授　亀井俊介

私がはじめてボストンを訪れたのは一九六二年の夏、いまから四十五年半ほど前である。私は満三十歳になろうというところだった。妻と、満一歳半の赤ん坊をつれていた。

私はアメリカ中西部、ミシシッピー川のほとりのセント・ルイスという町の大学に二年間留学、その間に結婚し、子供をもうけた。当時、日本からの外貨の持ち出しは厳しく制限されていて、生活を支えてくれるのは大学のフェローシップだけだった。だから当然、とんでもない貧乏生活だった。いろいろなアルバイトもした。それでも、やはり留学生だった妻ともども、もう一年アメリカで勉強したい気持に駆られて、三年目は東海岸の、南部に近いメリーランドの大学に移った。貧しさはさらにひどくなったが、辛さを感じたことはなかったから、若かったんだなあと思う。

そんななかで、いよいよ三年間の留学がすんだら（私は東京大学の大学院博士課程の三年生を休学の形にしてこの留学をしたのだが、休学期間は三年に限られていた）、どうにかしてニューヨークとボストンだけは見た上で帰国したいと思っていた。私たちは、貨物船で太平洋を渡ってシアトルに上陸、そこから当時いちばん安い交通機関だったバスでセント・ルイスまで行き、さらにまたバスでセント・ルイスからメリーランドまで行くという、大陸横断の旅こそしていたけれども、なにしろ極貧のなか、滞在地から外に出る観光旅行のようなことはまったくしたことがなかったのである。

アメリカに三年いてニューヨークを見ないで帰ったのでは、アメリカ文学・文化の研究者などといえたものではない。ニューヨークこそは、まさにアメリカを結集したメトロポリスだ、という思いは早くからあった。それは説明を要しない常識的な思いでもあるだろう。だがボストンも、私にとっては、何が何でも見ておかなければならない都市になっていた。文学や文化を多少とも本格的に勉強していると、学問的関心は過去へさかのぼっていく。文学・文化現象の淵源を探りたくなるのだ。そうやってさかのぼっていった先の大本にボストンがあったのである。

そんなわけで私たちは三年間の留学が終わるとすぐ、ニューヨークに出た。一九六二年六月二十五日から七月二日までの一週間の、「流浪の民」のようなニューヨーク生活の有様を、私は『ニューヨーク』(岩波新書、二〇〇二年)という小著の冒頭に描いた。なにしろホテル代にも窮していたので、一週間単位で貸す安アパートを探し、ようやく見つけて入った先は当時スラム街だった「ウエスト・サイド」の真っただ中。そしてひたすら入場無料の文化施設―それは当時、たくさんあった――ばかりを歩いて見てまわった。それでも、この時の昂揚する「生」の感覚は、いま思い出してもぞくぞくする。

ボストンはその先だった。セント・ルイスやメリーランドから見ると距離的にも遠いが、時間的にも遠い感じがした。費用の面からいっても、ボストンを訪れることは見はてぬ夢のような気がしていた。そこへ思いがけぬ朗報が舞い込んで来た。セント・ルイス時代の友人、しかもいちばんの親友となって家族ぐるみでつき合っていたボブ・リッシーから、ボストン大学に職を得て、引っ越してきている、ぜひ来いといってきてくれたのである。

嘘みたいな話だが本当だ。私たちはこの招待を本気の招待だと受け止めた。すぐそれに乗ることのあつかましさはよく心得ていた。しかし当時の状況では、いったん日本へ帰ったら、いつまたアメリカへ来られるか分らない、いやそんなチャンスはもうないだろうというのが、私たちの思いだった。日本はまだ経済的にも文化的にも敗戦の痛手から立ち直っていなかったのである。いただいた厚意は素直に受け止めることにし、ニューヨークからさらにボストンへ行く計画を立てた。

当時の日記をめくって見ると、リッシー夫妻のすすめるままに、私たちは七月二日から十一日まで、九泊十日、夫妻の家に滞在した。アメリカ人の常で、彼らは世話すべきことは非常に親切に世話してくれる。しかしその必要がないと判断したことについては、こちらから援助を求めない限り、ほっておいてくれる。ハーヴァード大学やボストン大学にはボブが案内してくれた。ボストン美術館やイザベラ・ガードナー美術館へは、夫人のジジーにつれられて行った。その種のことを除けば、私たちはニューヨークでもそうしたように、ボストンを気ままに歩きまわった。

中西部、あるいは南部との境界地方から出て来た私には、ボストンの社会や文化の雰囲気はたいそう品よく思えた。レストランに入り、ボーイから敬称の「サー」つきで応対されて、どぎまぎしたくらいだった。地下鉄で乗り合わす人たちにも、私はほかの地方では感じなかった知性を感じた。

こういうボストンめぐりのなかで、いまも印象に残っている二つのことだけを書き記しておこう。

ひとつは、ボストンを訪れる「お上りさん」の例にもれず、私も「フリードム・トレイル」を熱心に歩いたことだ。ボストンの町は、アメリカ独立戦争揺籃の地 The Cradle of American Independence であることをたいそう誇りとしている。そして独立戦争は「自由」のために行われたことになっている。そのため、ボストンがイギリスの植民地だった頃から独立戦争頃までの歴史に関係する名所旧跡を順に歩いてたどれるように案配し、それを「フリードム・トレイル」と名づけて観光の目玉にしているのだ。行った先々でシールをもらい、案内パンフレットに貼り込む仕組にもなっていた。

私は一応専門の勉強をしている人間だから、そういう仕組に乗ることを軽蔑する気持がないわけではなかった。だがじつは、喜んでそれに乗った。いやむしろ、一日で十分見物できるようになっているそのトレイルを、二日かけてゆっくり見てまわったくらいだ。本などによって知っている歴史を、その土地の事物に即してひとつひとつ確認していくことの楽しみを味わったのである。それに、その種の見どころが、まことにせまい土地に密集していることが、驚きでもあり喜びでもあった。植民地時代のアメリカ随一の都会といっても、ちっぽけな田舎町だったんだなあと思い知らされ、こんなちっぽけな土地があの素晴らしい多士済々を生んだかと思うと、かえって感動を覚えるのだった。

もうひとつ、私の心を特別にひきつけたのは、ビーコン・ヒルという小さな丘だった。ボストンの中心のコモンと呼ばれる広場――小説『緋文字』（一八五〇年）で、ヒロインのヘスター・プリンが不義密通のかどでさらしものにされたり、その恋人であった牧師のディムズデールが自分の罪を告白して死んでいく場所――の北の脇にある丘で、十七世紀には頂上に灯台が立っていたのでこの名がある。丘の南側は広場の眺望もよくて、十八世紀以後、ボストン最高の住宅地となった。いわゆるボストン貴族の多くはここに居を構えたが、十九世紀後半に台頭してきた新興成金たちもここに住みたがり、そのことがウイリアム・ディーン・ハウエルズの傑作小説『サイラス・ラッパムの向上』（一八八五年）のテーマになっている。

ある時、ボブと、その友人のメルヴィンとともに、私はこの丘を散策した。メルヴィンは丘のふもとのチャールズ・ストリートで画廊を経営しており、丘のことに詳しくて、古い道路や建物の故事来歴などを説明してくれる。私にはそれに加えて、行き交うこの丘の住人（らしい人々）の姿が興味深かった。おそろしく優雅な身のこなしで、まるで十九世紀が歩いているような気がするのだ。ボストンは歴史が生きている町だ、とつくづく思った。

こんな「お上りさん」体験をしてから四十数年がたつ。ふたたび来られぬと思っていたアメリカがいつしか自由に来られるようになり、遠い感じだったボストンもずいぶん近い存在になった。ただし、この間にアメリカは激変した。ボストンは本来保守的な町で、他の都市よりも変化は少いというべきだが、それでも目を見張るような現象に旅行者の私も何度か出合ってきた。

一九六〇年代の末頃、ボストン広場に近い目抜き通りで、「ハレクリシュナ」の行列に出合った時には、仰天した。ヒンズー教系のカルト信者たちで、黄色い僧衣のようなものを着、男も女も頭をまるめ、ほとんどはだしで、何やら唱えながら踊るようにして歩いている。殺伐とした実利主義の社会体制を解脱し、魂の救済を得ようというのがその主張で、当時のヒッピー文化の一端であったわけだが、ピューリタンがつくった町ボストンの中心でこれに出合うと、歴史の転換を目の当たりに見る気がした。同じ頃、ダウンタウンの歓楽街、ワシントン・ストリートが完全にポルノ街と化しているのを見た時も、ああアメリカはいま文化革命の最中なんだなと、深く感じたものだ。

町だけではない、人も変わった。あの仲のよかったボブとジジーから離婚の通知をもらった時、私は信じられぬ思いだった。こちらも、妻が亡くなったことを通知して、彼らを悲しませなければならぬことがあったりした。

しかし、変わるボストンもあれば変わらぬボストンもある。もちろん自然の風景は簡単には変わらぬし、新しい建物はぞくぞく現れて来ても、保守的なボストンの家並は昔通りだ。

人情も激変したとはいえ、ビーコン・ヒルあたりを歩いていると、いぜんとして十九世紀の人たちとすれ違うような気がする。ジジーは彼女のものになった家に来て泊まるよう熱心にすすめてくれ続け、私も相変わらず無遠慮に泊まる。そのくせ私のボストン訪問を彼女は必ず別れた夫に知らせておいてくれ、私はボブとも親交を続けている。

さて、まるみせもあ氏の本の跋文に私は自分のことばかり書いてきたようだ。しかし私は本書の原稿を読んでいて、随所でさまざまな感慨に誘われ、その一端として、「私のボストン」の思い出を掘り起こしてみたくなった。と同時に、「私のボストン」との対照において、せもあ氏の米国東部旅行の時代的状況や人間的状況が鮮明に浮き出てくる部分があるのではないか、と勝手に思ったのである。

この著者の最初のオニオンタ訪問が一九九九年、あるいはボストン研修が二〇〇三年という記述に、私などは私との時代の違いを痛切に感じる。日本はもはや、私の時代の貧しさを完全に脱しているのだ。それから著者は、すでに熟成した学者として旅している。この点も、身分不安定ですべてにおいて未熟な「流浪の民」だった私とは違う。そういう時代のそういう人としてのアメリカ体験、観察、印象、考察がこの旅行記には展開するのだ。

著者の観察や考察はおのずから円熟していて余裕がある。しかも私が目を見張るのは、著者の体験や印象の記述のういういしさ、みずみずしさである。著者はみずからいうように、「詳しい旅行記の形で」日記をつけていたようだ。だからきっちりと精緻な記述ができるのだが、それに加えて、著者の人柄から醸し出されているのであろう生真面目さ、率直さなどが、本書の筆致の新鮮さとつながっている。非常に人間味豊かなのである。たとえば空港で安全チェックを受ける時の気持を、「他の人は簡単に通過許可が貰えるのに、私に限ってはいつもきっと、ピーピーが機能してしまう」（一五九ページ）と述べたりする。情けない、口惜しい気持を素直に語りながら、そういう自分を滑稽化し、楽しんでいる節もある。

そして、いま私は著者と私との違いが浮き出てくると述べたが、じつは時代や状況が違っても、両者の間で違わない面もたっぷりあることを、私は本書の記述から感じるのだ。著者はひとりひとりの人間を非常に大切にして語っている。たぶんその思いからであろう、それらの人々の間に交わされる言葉をなるべくそのまま再現することに意を用いている。私にはていねいすぎる会話のように思えるところも、著者はたぶん誠実にその状況を思い起こし、忠実に再現しようとしているのであろう。その結果、著者の記述には普遍性が生じ、著者の語るオニオンタやボストンの町そのものも、共感を迫ってくるのである。

本書はもちろん、個性豊かな一人の学者のある特定の時期の旅行記であるが、同じ著者の自伝的小説『ザイデンシュトラーセン』1（二〇〇三年）および2（二〇〇七年）と同様、どの時代のどの人にも通じる魂の記録になっているような気がする。

著者の印象を語る

朝日大学経営学部情報管理学科教授　岡本紘昭

本書の第三章では、鈴木大輔先生にクリーブランドに住む学者としてはからずも紹介されてしまいました。先生には、正味二日間我が家に滞在していただいただけですが、私どもが二十年間住んでいたにもかかわらず気にとめなかった北東オハイオの状況を仔細に描写されており、先生の観察力の鋭さに感嘆いたしました。また、実際は並以下のレベルなのに、私はずいぶん大きく豪華な家に住んでいるように紹介されています。やさしいお心遣いにより、小さなあばら家を魅力的に表現される、先生の文筆力にも改めて感心しました。したがって、私の業績について書かれていることも、実情をご想像ください。

本書の隅々から感じ取られるのですが、鈴木先生は実に精力的に活動されます。クリーブランドに滞在されている間、普通の来客に比べはるかに多くの質問をされ、調べ物をし、メモをとられていましたが、これは本書の基となる情報を集めておられたのだということにはまったく気づきませんでした。気づいていたらもう少しいいところをお見せする努力をしたと思います。空港へお迎えに行ったときも、一時間以上出口へ出てこられないので、予定の便には乗られなかったのかと思い始めましたが、先生は空港内の様子を調べておられたのだということが後ほどわかりました。先生も私も日本を出てから数日目で、時差ぼけの影響がきつく、特に午後からは眠くて仕方のないはずのときでしたが、先生は、野外音楽堂では近くに陣取っていたアメリカ人と話をされたりして、見聞を深めておられました。いろいろな場面で先生の積極的な姿勢に感じ入った次第です。

本書の他の章では、鈴木先生のアメリカの学会における発表や、大勢の学者との議論の様子が細かに紹介されています。その学会がアメリカの作家の研究をテーマにしていることから、我々理科系の者が扱う英語よりはるかに高度な英語を使って、密度の高い内容の議論をしておられるはずです。その英語力を習得されたのは、先生の生まれつきの才能に加え、多分たゆまぬ努力を重ねられた成果であり、私が二十年以上アメリカに住んでいても達せられなかったレベルのものであります。鈴木先生は海外に長期間滞在されること無くこのような能力を身につけられたのですから、驚きを禁じえません。しかし、先生は、先生の能力にただ感じ入って読み進めさせていく場面ばかりではなく、本書の最後の近くでは、frog と flag を間違って聞き取られたという、"r" と "l" の区別のできない普通の日本人らしい一面も紹介されています。本書を読んでただ圧倒されっぱなしということのないよう配慮されているのだと思いました。

鈴木先生が英語教育にも情熱を燃やしておられることは、青山社より発行された先生の著書『英語教育を展望す』を十年近く前に拝読したときに知りました。従来の英文和訳主体の教育法に疑問を投げかけ、英語でのコミュニケーション能力を学生に与えることを基本理念として、授業もできるだけ英語を使うようにしておられます。朝日大学では、学生を海外に派遣するにあたり、面接試験を行います。私は鈴木先生と何度か同席して試験を担当したことがありますが、鈴木先生は必ず学生に英語で質問されます。先生の方針を知らなかった頃は、なぜ難しい質問を英語でされるのかと不思議に思っていましたが、これは先生の一貫した教育姿勢をあらわしているものだと後から納得いたしました。ただ、このあたりに関しては私の感覚とはやや異ります。大相撲の外国人力士が実に上手に日本語を使うように、会話は必要ならば短期間に上手になり、日本人が概して英会話が下手なのは、本当の意味で必要がないからだと思います。海外知識の取得には、書籍などの印刷物やインターネット等、文字によるものが圧倒的に多いのです。学生が英語を間違いなく理解しているかどうかを知るには英文和訳が最も効果的と考え、私が英語を教えるときには英文和訳が主体です。こうした見解の違いについては、鈴木先生のお好きな焼酎でも飲みながら議論を戦わせたいところですが、会話能力に重点を置いて教えておられる鈴木先生に勝てるはずがありません。

鈴木先生は、今後アフリカで英語を教えるご計画のようですので、並の人にはできない体験をされることと思います。次に出される出版物がまた楽しみです。ご健闘を祈ります。

■著者紹介　まるみ せもあ（本名・鈴木《すずき》 大輔《たいすけ》）
昭和18年8月12日　中国河南省開封生れ
昭和38年　長野県丸子実業高等学校夜間定時制商業科卒
昭和43年　慶應義塾大学文学部文学科英文学専攻科卒
昭和52年　早稲田大学大学院文学研究科英文学専攻修士課程修了
職歴　長野県坂城高等学校、埼玉県立岩槻高等学校、埼玉県立蕨高等学校夜間定時制教諭を経て、朝日大学経営学部教授
平成20年3月　同大学退職　ケニア国にて教育事業に専念、現在に至る
著書　『ザイデンシュトラーセン～私のもとめた絹の道～』(近代文芸社、2003)、『ザイデンシュトラーセン２～鉄工少年のもとめた絹の道～』(現代図書、2007)、『未知の人からの手紙―心―』(現代図書、2008)他

オニオンタ、ボストンの丘に咲く花　―米国東部の旅

2008年 4月25日　第1刷発行

著　者　まるみ せもあ
発行者　池上　淳
発行所　〒229-0013 神奈川県相模原市東大沼 2-21-4
株式会社　**現 代 図 書**
TEL 042-765-6462(代)　FAX 042-701-8612
URL http://www.gendaitosho.co.jp/
E-mail :info@gendaitosho.co.jp
振替口座 00200-4-5262　ISBN 978-4-434-11820-3

発売元　〒112-0012 東京都文京区大塚 3-21-10
株式会社　**星 雲 社**
TEL 03-3947-1021(代)　FAX 03-3947-1617

装　丁　野崎印刷紙業株式会社
印刷・製本　モリモト印刷株式会社